なぜ人は他者が気になるのか？

人間関係の心理

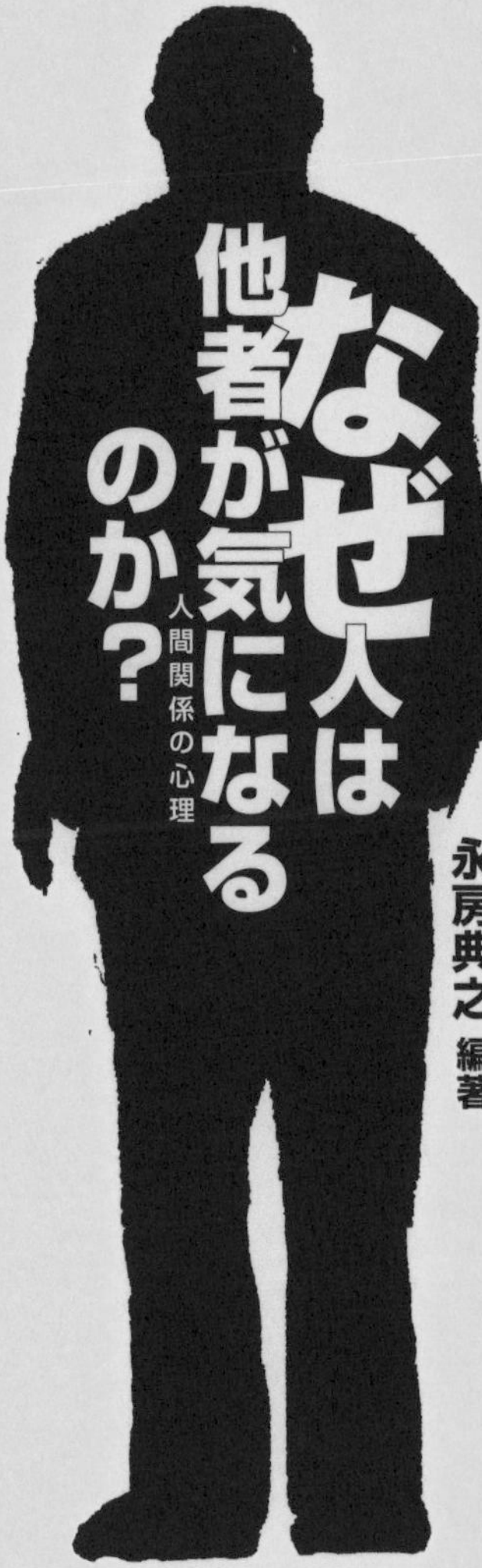

永房典之 編著

金子書房

はじめに――なぜ人は他者が気になるのか？

　私たちは、日常生活で何かと「他者」が気になるものである。なぜなら、ストレスの少ない生活を送るには、人間関係をうまく築き、それを維持する必要があるからである。そして、そのためには自己の心だけでなく、他者の心も意識することが求められる。

　現代社会で私たちが関わる他者は、きわめて多様である。家族・友人・恋人・先生・上司といった知人、公共場面で関わる他人、ネットで関わる見知らぬ他人までさまざまである。その多様な他者に対して、私たちは家庭・学校・地域という社会的場面で接するだけでなく、ケータイやパソコンなどのメディアを介してインターネット上でもコミュニケーションを行っている。つまり、私たちが関わる他者はその属性が多様なだけでなく、同じ相手でも、対面という直接的な関わりもあれば、情報ネットワークを介した間接的な関わりもあることから、かつてよりも時間的にも空間的にも人間関係を形成・維持・発展・崩壊・修復させる機会が増加・多様化しているといえる。このように、人間関係に必要なコミュニケーションの場やツールが充実する一方で、多様な他者とさまざまな機会に適切に対処すること、すなわち社会的適応が難しくなっているともいえる。

本書では、現代社会におけるさまざまな人間関係において、そのなかで関わる他者がなぜ気になるのか、また、そこで生じる問題にどう対処したらよいのかについて、心理学的解明を試みている。とくに、多くの人が気になる他者、すなわち、友人、恋人、意中の異性、ライバル、面接官、ネット・ユーザー、公共空間で居合わせる見知らぬ他人といったさまざまな他者を意識した社会的行動に注目し、その生起メカニズムと対処法に迫っている。

本書には大きな三つの柱がある。第一に、特筆すべきは、章・トピックを含めたその多様かつ豪華な執筆陣があげられる。心理学、とくに社会心理を対象に精力的に研究を行っている最前線の若手研究者から、豊富な知識・経験を有するベテランの研究者まで、それぞれの専門分野について最新の研究知見をもとに、入門書として初学者にもわかりやすいよう丁寧な解説を行っている。社会心理を学ぶための教科書、副読本としてもぜひ活用いただきたい内容となっている。

第二は、多くの読者にとっていちばん気になるであろう、人間関係の心理に関する「なぜ？」と「どうしたらよいのか？」という二つの枠組みを取り入れていることである。本書は、心理学書であって哲学書ではないが、その心理現象の「生起メカニズム」という視点から少しでも「なぜ？」という問いに答えようとしている。実験や調査などの研究手法による実証的裏づけに基づいている点も、一般の読み物とはひと味違うところである。もう一つの「どうしたらよいのか？」については、その心理現象への「対処法」というアプローチで展開されている。この点についてはまだまだ実証的研究が足りないともいえるが、その領域の専門家である執筆者が提言というかたちで読者に説明を試みている。「きちんとした研究があるのはわかるが一般には役立たない」、逆に「一般には役立つかもしれないが研究的にはその根拠が不明でつまらない」というように、一冊の本の中で理論と実践の調和を図る難しさについても、この二つの共通枠組みによってクリアすることができたのではないかと考える。

第三の特色は、巻末に勉強や研究に役立つ心理尺度を付録として掲載したことである。最新の研究知見に基づいたオリジナル性の高い心理尺度を重点的に取り上げるなかで、先行研究としてすでに著名な心理尺度もいくつか紹介させていただいた。いずれも本書のいっそうの理解に役立つものと考える。読者がそれぞれ興味に応じて自分の心の状態を知るために使っていただくのはもちろん、授業やゼミの課題、卒論・修論といった研究に活用していただくことも大いに期待している。また、それぞれの心理尺度の項目をみてもらうことで、人間関係に役立つヒントが得られればという思いもこめられている。

本書は十二章からなり、大きく二つのパートに分けることができる。前半部分は人間関係に必要不可欠な「社会的感情」に関わる内容であり、後半部分は「対人関係」に関わる内容となっている。たとえば、前半の社会的感情に関わる研究とは、「世間体」「恥意識」「罪悪感」「困惑感」「嫌われ感」「嫉妬」である。後半の対人関係に関わる研究とは、「友人関係」「怒りと攻撃」「恋愛」「ダイエット」「インターネット」「就職面接」である。そして、各章の終わりには、関連する最新の研究知見を紹介するトピックが設けられている。もちろん最初から通読してもよいし、とくに気になる章から読み始めていただいても構わない。各章では、執筆者それぞれの研究姿勢や論調といった特色が生かされているので、執筆者の人間関係に対する研究枠組みの視点を読み比べるのも面白いといえよう。

さまざまな他者とかかわる多様な社会的場面で、なぜ他者、または特定の他者が気になるのか、そして、その他者とはどうやって関わっていけばよいのか。本書がその疑問や悩みを解消する一助になれば幸いである。全体として多くの話題を盛り込んだために、個々ではより説明がほしいと思われる部分があるかもしれないが、その点については、自分でもっと調べてみたい、あるいは自分で研究してみたいという、読者自身の探究心を刺激するきっかけとなってくれれば、編者としてはこの上ない喜びである。

編者

目次

目　次

なぜ人は他者が気になるのか？
——人間関係の心理

なぜ人は世間が気になるのか？

第1章

Key Word

羞恥心
行動基準
社会的排斥

菅原健介
すがわら けんすけ

所属の要求

人はなぜ社会や集団に所属するのだろうか。お金が手に入るから？　友人や恋人と楽しい時間を過ごせるから？　役に立つ情報を得ることができるから？　いずれも正解である。人は集団の中にいると、一人でいては得られない多くのメリットを得ることができる。別な言葉で言えば、それだけ人間は社会に依存していることを意味する。実際、社会は生活上必要な多くの資源を生み出し、個々人に供給してくれる。腹が減ればスーパーに行って食材を仕入れることができるし、怪我をすれば病院で治療をしてもらえる。そのおかげで私たちは安心して生活を営める。しかし、そうした集団の資源は、集団内の個々のメンバーが自分の役割を果たすことで生み出される。お互いが自身の知識や技術を出し合って、お互いを支えるという基本的な構造が成立しているわけだ。

進化心理学の立場から見ると、個人と集団とのこうした関係は、有史以前にその原型が作られたと考えられる（Baumeister & Leary, 1995）。そもそも、人類は、他の獣のような鋭い牙も速い逃げ足ももっていない。動物としては極めて脆弱な存在である。このような生物が厳しい自然の中で生き延びるために頼ったのが集団である。他者と連携することによって、身を守り、狩をし、子どもを育てる。力を合わせ、役割を分担し、組織的な行動を行うことで行動の効率を高め、1＋1を5にも10にもしていった。もちろん、中には誰にも邪魔をされない自由な生活を好んだ人もいたであろう。しかし、何でも自分でやらなければならない彼らは、圧倒的に不利な立場におかれたはずである。他の肉食獣に襲われたり、食料の確保ができずに飢えたりするリスクも高まるし、さらには、集団の中で生活するよりも配偶者にめぐり合う機会が少なかったに違いない。結果として、彼らの孤独好きの遺伝子は後世に残らない。こうした営みが何世代にもわたって繰り返され、人類の遺伝子には親和性の高さが凝縮されていった。

現代社会に生きる私たちはそんな進化の歴史の産物である。程度の差こそあれ、集団に所属したいという欲求をもち、社会の中に自分の居場所を求めている。これを所属の要求（need to belong）と呼ぶ。所属の要求は、食欲や性欲のような基本的なものであり、それが満たされなければ生命の維持に関わる重要な心の働きであると考えられる。人の社会的行動の多くは、この根源的な要求から発している。

社会的排斥

所属の要求を満足させるためには、単に人々の群れの中に物理的に存在すればよいものではない。他者から受容され、信頼されて初めて、社会という互助組織の一員となれる。いわば、他者の心の中に所属することが必要である。学歴や資格をもつことは、その有効な方法の一つである。たとえば、法律やビジネスに関して豊富な知識をもっていれば、それを必要とする他者や集団から協力を求められることになる。活躍して信頼を高めれば、さらに地位も給与も上昇する。もちろん、その他にも信頼を得るポイントは存在する。人柄のよさ、外見的魅力、リーダーシップ、運動能力、ユーモアのセンス等々、現代社会において個人はさまざまな尺度で社会から評価される。そして、その評価に応じて、対人関係の中での地位や役割やキャラクターが定まる。いずれにせよ、何らかの特徴に関して高い評価を獲得するほど、社会や他者から獲得できる物質的、心理的な見返りは大きくなる。

このことを逆から見れば、他者から評価を得られない人は、うまく社会に参加できないことを意味する。ときには、社会から完全に排斥される場合も少なくない。これを社会的排斥（social rejection）と呼ぶ。どのような人物が社会から排斥されやすいのだろうか。バウマイスターとタイス（Baumeister & Tice, 1990）は、排斥の条件として次の三点を指摘している。まず、「集団の存続や福祉に貢献できないこと」である。会社や学校などの組織は、何らかの目的をもって活動が行われる。個々人はその目的達成の役に立つ人材として、その場に参加している。したがって、期待された役割を果たせなければ、さらには目的達成の障害となる人物は、〝役に立たない人物〟と評価され、解雇という名の排斥を受けることになる。次は、「協調性や道徳性の欠如」である。集団や社会を維持するには、個々人はある程度、エゴを抑え、協調し合わなければならない。自己の利益や衝動のために周囲に迷惑をかける人物が横行すれば組織や集団は破綻する。それゆえ、ほとんどの社会では一定の法律や規範が設けられ、逸脱者には一定期間、禁固や懲役、死刑といった排斥のペナルティーが科せられる。そして、最後が「魅力の欠如」である。魅力とは極めて抽象的であるが、個人は性格や外見などに基づき他者から好意感情を抱かれる。たとえば、恋愛や結婚は、かなり厳しい魅力の基準をクリアすることでお互いがパートナーとして承認しあう関係である。相手が感じる魅力度が低かったり、期待した魅力を維持できなかったりした場合、失恋や離縁という名の排斥が予想される。

社会的排斥はさらに身近な現象であるという考え方もある。リアリー（Leary, 2001）は、日常の交友関係における受容と排斥のレベルを表1（次頁）のような七つの段階に分類している。これによれば、「他者を物理的に拒否、追放、排斥、排除する」という最大級の排斥だけでなく、積極的に排除はしないが、「その人物を避ける」というレベルの排斥や、特に意図的に避けるわけではないが、特に相手に関心をもたない（無関心）という程度の〝消極的な排斥〟も存在するという。対人関係を維持するには物理的な時間とともに、多くの心理的なエネルギーを消費する。したがって、人が同時に関わることのできる他者の数には限度がある。仮に、新しい人物が目の前に現れて友好を求めてきても、他に優先順位の高い関係があれば、その人は無視せざるを得ない。別な言い方をすれば、人はある他者との関係を保つために、別な他者を排斥しなければならないのである。嫌いだからという理由がなくても、余裕がないからという理由だけでも排斥は起こる。ただし、理由の如何にかかわらず排斥を受ければ、その人と関係をもつことはできない。このように、排斥は私たちの周囲に、普通に存在する現象なのである。

羞恥心

集団に依存して生きる人間にとって、他者から排斥されないことは社会的適応のための重要な条件である。そして、排斥が極めて日常的なことだとすれば、私たちは他者からの評価に敏感である必要がある。こうした複雑な課題をサポートするような仕組み

表1　受容—拒否の７つのカテゴリー（Leary, 2001）

状態	定義
最大級の取り込み	他者と関係をもつ努力をする
積極的な取り込み	他者の存在を歓迎するが、自ら関係を求めたりはしない
消極的な取り込み	他者の存在を許容する（いてもよい）
アンビバレンツ	他者と関わってもそうでなくてもかまわない
消極的な排斥	他者に関心をもたない
積極的な排斥	他者を避ける
最大級の排斥	他者を物理的に拒否、追放、排斥、排除する

が私たちの「心」に備わっているという考え方がある。それがソシオメーター（社会的計測器）である（Leary & Downs, 1995）。ソシオメーターは自己が他者からどの程度評価されているかを測定し、評価が上がった場合には、それを誇りや自尊心の高揚という情緒的な感覚として私たちに知らせてくれる。他方、評価が低下した場合の警告サインとしては自己嫌悪や恥ずかしさ、気後れなどの対人不安感が挙げられる。特に、恥の意識は極めて敏感なアラームである。自分の服装が周囲の人々と少し違っているだけでも、券売機の前で小銭を落としてしまったときでも、昼食後につい〝げっぷ〟をしてしまった瞬間にも、どこからともなく、「恥ずかしい」という感覚が生まれてきて、私たちはあわてて体裁を取り繕う。こうした心の働きのお陰で、日々の私たちの行動や姿は社会的に受け入れ可能な状態に保たれている。

菅原（一九九八）はこのような心の装置（ソシオメーター）を、「恥じらいを感じる心」という意味から「羞恥心」の用語を用いて、その働きについて述べている。これによると、羞恥心は基本的に、周囲からの期待されている自己像と現実の自己像とのズレを感知するシステムである。先にも述べたとおり、他者からの信頼や期待に応えることで、個人は自分の居場所を確保することができる。たとえば、金メダルの獲得が確実視されたスポーツ選手は、その期待がゆえにメディアの脚光を浴び、多くの人々の支援や声援を受けている。ところが、この選手が予選の段階で惨敗してしまったらどうだろう。彼は何らかの形で社会的な批判を受けることになる。同様に、飲み会での振る舞いに対しても、電車内でのマナーに関しても、個人は周囲から何らかの期待をもたれている。いずれの状況においても、現実の自己が期待の水準を下回ったとき、他者から否定的な感情を向けられる。このようなとき、羞恥心は事態が悪化しないように警告を発すると考えられる。

期待と現実とのズレは、現実の自己像に問題があるケースだけでなく、現実を上回るような過大な期待を受けたときにも生じる。思いがけず、他者から賞賛された場合などがこれに当たる。「褒められる」とは期待が高まることを意味する。「君にそんな優れた能力があるとは思わなかった」という言葉は、これから以降、君への期待を強めるという宣言であり、そこでもし、この期待に応えられなければ、かえって排斥の危機を招くことになる。結局、他者からの評価を保つには、実力に見合った期待を受けることが必要であり、過大な評価も、やはり羞恥心の警告対象となる（菅原、一九九二）。

恥の逆U字曲線

私たちは誰に対しても気を配っているわけではない。先にも述べたとおり、他者の評価に注意を払うのは、排斥を受けた場合、その対人関係から得ていた諸々の幸福や利益を失うからである。それは社会に依存して生きる人間にとって、単なる損得の問題を超え、自己の尊厳や生存の問題とも関わってくる。反対に、自分とは「無関係な他者」、つまり、失っても損失のない他者に対して気を配る必要はなく、その分、羞恥心は働きが鈍る。

他にもう一つ、羞恥心が作動しない相手がいる。それは無関係な人とはまったく逆の「親密な他者」である。通常、家族や親友のように付き合いの長い相手に対して、個人は心理的にも物質的にも多くを依存している。したがって、信頼を失うことは大きなダメージであるものの、一方でこうした対象の場合、自己の信頼はそう簡単に揺るがないという側面もある。相手は自分の人柄や能力を熟知しているので、少しくらいの失敗は単なる「事故」とみなされ、許容されやすいと考えられるからである。

このように考えると、羞恥心の働きの程度は他者との「関係の重要性（関係評価）」と自己への「評価の不安定性」の二つの要因の掛け算によって決まることになる。どちらか一方が低くても恥ずかしさは生じない。これを、他者との親密度（心理的距離）という視点から考えると、他者に失態を目撃された場合、恥ずかしいという感覚は、その相手が親しくても、疎遠な関係でも生じにくく、その中間の、顔見知り程度の場合に高まることが予想される。佐々木・菅原・丹野（二〇〇五）は、大学生男女に「自動販売機でジュースを買おうと金を入れたが、商品が出てこないので販売機を蹴ったりゆすったりした」という場面を提示し、その姿を他者に目撃されたときの恥ずかしさを尋ねた。目撃者の心理的距離によって恥ずかしさがどう違うかを見た結果、予想通り、図1（次頁）のように、逆U字の関係が認められた。さらに、この逆U字型は、目撃者との「関係の重要性」と「自己評価の不安定性」の二つの要因を掛けた値によって説明できることも示された。

このように、心理的距離が近い他者も遠い他者も、気遣いの対象とはなりにくい。これに対して、中間的な距離の他者の前では、小さな失敗でも排斥される可能性があり、かつ、その排斥による損失も小さくはない。それゆえ、私たちは中間的な距離の他者の前で、最も注意深くなると考えられる。

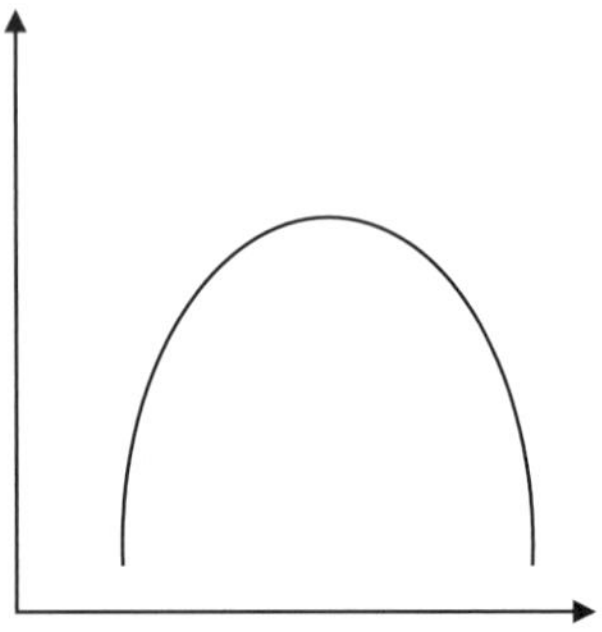

図1　恥の逆U字曲線

羞恥心と世間

羞恥心に関する逆U字の法則性は、日本人の伝統的な対人関係の構造ともよく一致する。文化人類学者のベネディクト（Benedict, 1946）は日本の文化を「恥の文化」と規定し、「罪の文化」である西欧文化との違いを強調した。恥の文化とは他者からの否定的な評価を避けることが、道徳の基準となり、社会的な秩序を保っている社会を意味する。これに加えて、井上（一九七七）は、日本人が気を配るのは、家族や仲間などの「身内」や、旅先で出会うような「タニン」ではなく、その中間にいる「世間」の人々であることを指摘した。人口流動性が極端に低く、多くの人々が同じ土地で生まれて死ぬという環境にあっては、同じ地域に住む人々との人間関係が非常に重要な意味をもっている。それゆえ、家族と赤の他人の間に位置する中間的距離の人々、すなわち、地元や地域の目は、日本人が最も意識するターゲットとなり、彼らに対して恥ずかしくないよう振る舞うという独特の「恥の文化」を成立させてきたと考えられる。永房（二〇〇二）は、日本の高校生とアメリカとトルコの高校生を対象に調査を行い、恥意識の文化差を検討しているが、日本において顕著に目立ったのは、「他の人々と自分とが違う」という場面での恥であった。何世代にもわたって人間関係が固定化した地域社会においては、強固な規範や習慣を作り出し、それらは「世間の常識」として、人々の考え方や行動を導き、社会の秩序を保ってきた。「他の人々と自分とが違う」ことは、こうした文化的土壌の中で日本人に染み付いた恥の感覚なのかもしれない。

ところが、最近、こうした恥の文化が薄れてきたとの指摘が広がっている。いわゆる「車内化粧」や「人前キス」「ジベタリアン」など、従来の「世間の常識」から大きく逸脱した行動が普通に見られるようになった。これらの現象は、地域社会の機能が弱まる中、これまでは「中間的な人間関係」の場であった公共の空間が、「無関係な他者」が群れる場へと変化し、それゆえ、他者に対する恥じらいの反応が弱くなったためと考えられる。

菅原ら（二〇〇六）は、大学生男女を対象に、公共場面での迷惑行動や逸脱行為の経験度と、そうした行為に対する恥ずかしさや罪悪感との関連を検討している。その結果、罪悪感ではなく羞恥感が強いほど、そのような行動をする者は少なく、やはり、逸脱行動は恥ずかしさの感覚があるかないかによって影響されることが示された。さらに、この研究では、行動基準尺度を用いて、公共の場において調査対象者が誰の目を気遣っているかを測定している。恥じらいの程度との関連を分析してみると、地域の人々の視線を気にしたり、見知らぬ人々にも配慮したりする者は、逸脱行動に対して恥ずかしさを覚えるが、自分の欲求や都合を優先する者は恥ずかしさを感じないことが示された。これに加えて、仲間の目を気にする者は、「自分だけ優等生でいるほうが恥ずかしい」という感覚が働き、かえって逸脱行動が高まることも示された。こうした結果が物語るように、公共場面において、「そこに居合わせているのは関係のないタニンだ」という感覚が身勝手な行為を生んでいると言える（菅原、二〇〇五）。

世間と他者

人間は社会に依存して生きる動物である。しかし、どの「社会」に依存するかが問題である。私たちはすべての人々の評価を気にすることはない。人はまず、面倒な気遣いを必要としない親密な人間関係を作ろうとする。互いの信頼を大切にし、お互いに協力し合い、期待に応え合う。そうしたざっくばらんな関係は個人の社会的適応を支える「核」となる。しかし、これだけでは十分でない。親密な関係の外にも、自分の適応にとって有用な人物が大勢いる。こうした人々との関係を形成するため、私たちは自己に対する彼らの評価に気を配る。かつての日本人にとってそれは地域社会であったが、今日、その範囲は流動化し、人間関係をますます複雑にしている。ただ、いずれの時代においても、人間は自分を支えてくれる他者や集団を探し、他者の目を気にする必要がある。それが、社会的動物としての宿命なのである。

団から指弾されることこそ恥ずべきことであり、不名誉なことである。

では、日本人が恥を意識するときの「他者」や「集団」とは何を指すのであろうか。社会心理学者の井上（1977）は日本人の羞恥と「世間体の構造」の関係を取り上げている。それは、日本人の伝統的な人間関係が、家族や親戚などの「ミウチ」、近隣や地域の人など生活する上で関わりをもつ「セケン」、血縁や地縁がなく生活上の接点をもたない「タニン」に分けられるというものである。そして、伝統的な日本は、「セケン」にあたる他者を気にしてきたが、近年、菅原（2005）が指摘するように、現代の日本は、そのセケンが変容してきている。かつての伝統的な地域社会のような地域的セケンは“タニン化”し、自分の利益につながる他者は利用し、そうでない他者は排除するか遠ざけるという「ジブン本位」、ネット上も含め価値観や趣味などを共有する仲間から構成される「狭いセケン」が台頭しつつある。そのさまざまなセケンの影響がもっともあらわれるのが、電車の中やバスの中といった不特定多数が集まる公共空間である。この公共空間では、それぞれの異なる“セケン観”がぶつかりあうことから、各自の行動基準間の心的葛藤が生じ、フラストレーションが高まるといえよう。

日本が恥の文化であると指摘したベネディクト（1934）は、時代によって内容は変わっても基本的な“文化の型（pattern）”はなかなか変容しないであろうと示唆しているが、今後の日本人の人間関係、世間体、公共場面での行動基準はどうなっていくのであろうか。

（永房典之）

「そんなことをして恥ずかしくないのか」。年配者が、自由奔放に自分勝手な行動をしている（とみえる）若者に対して投げかける「恥ずかしい」という心は、日本人の道徳的な心（morality）と密接な関わりがあると思われる。日本人の「恥ずかしい」という心、すなわち羞恥心（狭義の使い方をすれば恥、ハジ、shame）に言及したのは、日本が「恥の文化」であると提唱した文化人類学者のベネディクト（Benedict, R.）である。ベネディクトは、『菊と刀』（1946）のなかで日本人の恥（shame）について以下のように指摘している。①「恥」は他人の批評に対する反応である。②人は人前で嘲笑され、拒否されるか、あるいは嘲笑されたと思いこむことによって「恥」を感じる。③「恥」を感じるためには、実際にその場に他人が居合わせるか、あるいは少なくとも、居合わせると思いこむことが必要である。④日本人の生活において「恥」が最高の地位を占めているのは、各人が自己の行動に対する世評に気を配ることが「徳」を意味しているからである。⑤「恥」において日本人は、ただ他人がどういう判断を下すであろうか、ということを推測すればよいのであって、その他人の判断を基準にして自己の行動の方針を決める。

このように、日本人の恥は、「他者からどう思われるか」が重要であり、「他者から笑われそうなこと」が恥の判断の拠り所となるとベネディクトは指摘している。そのほか、精神医学者の土居健郎は『「甘え」の構造』（1971）のなかで、次のように説明している。①恥の感覚は、外の目を意識することに発して、自己の内に向かうものである。②一番恥を意識するのは、自分が所属する集団との関係においてである。③集団を裏切ることが罪であるように、集

なぜ人は心にブレーキをかけるのか？

第2章

Key Word

恥意識
良心
犯罪・非行

永房典之《ながふさ のりゆき》

人は、ある行動をしたいと思ってもしないことがある。

友だち同士でお店に入ったら、すぐ売り切れる欲しい商品がたくさん山積みされていた。しかし、お金がなく、困ったなと思い周囲を見渡すと、たまたま自分たち以外に店員も客も誰もいなかった。すると、友だちは誰も見ていないからひとつくらい大丈夫と、慣れた手つきでさっとカバンの中に入れてしまった。一方、友だちからあなたもやったらと誘われた私は、何だか胸がドキドキするし、ひょっとして誰かが見ているかもしれないと思い、踏みとどまった。

店で買い物をしていたら、ちょうど雨が降ってきた。店の入り口には誰の物かわからない傘がたくさんおいてあった。家まで濡れて帰りたくないので思わずちょっと拝借してしまった。

これらは、〝心のブレーキ力〟が試される社会的場面である。

行動抑制という心のブレーキ

冒頭で挙げたエピソード例は、〝やりたいが、やってはいけない〟ことにブレーキをかけるか、かけないか、すなわち、欲求が生起し、行動を抑制するか、しないかをあらわしている。

〝心にブレーキをかける〟には、さまざまなものが考えられる。たとえば、①「やりたいことをやらない」、②「やりたいことをやれない」、③「やるべきことをやらない」、④「やるべきでないことをやらない」、⑤「やりたくないことをやらない」の五パターンである。②「やりたいことをやれない」に関しては、好ましい印象を見せたいが見せられないといった面接場面での行動抑制など「対人不安」の研究で多くの実証的研究がみられる（Leary, 1983；Topic 12を参照）。③「やるべきことをやらない」は、心理学的には「動機づけ（motivation）」、やる気の低さが考えられるし、意図的にやらない場合（たとえば怠惰）とそうでない場合（たとえば健忘）が考えられる。⑤「やりたくないことをやらない」は、ブレーキの問題ではなく、ただ欲求のままに行動することをあらわしている。残りは、①「やりたいことをやらない」と④「やるべきでないことをやらない」であるが、①の「やりたいこと」は、たいへん幅広く、社会的に望ましい行為（道徳的な行為、向社会的行為）もニュートラルな行為（道徳的でも反社会的でもない）も社会的に望ましくない行為（反社会的行為）も含んでしまう。反社会的行為をやりたいということは、一般的には奇妙に思われるかもしれないが、ストレスがたまって気分がムシャクシャしているときに気分晴らしに悪さをしたい、と一時的に思うこともあるし、職業的犯罪者、すなわち犯罪によって生計を立てている者にとっては、日常的にお金のために悪事をしたい場合が考えられる。

本章が扱う心のブレーキの対象となる行為は、狭義には犯罪や非行、迷惑行為など社会的に問題のある行動であり、広義にはその個体（人）が生活する社会環境の中で守るべき規範から逸脱するような、④の「やるべきでない」行動を対象としている。

なぜ心のブレーキは必要か

「やるべきでないこと」とは、簡単にいえば「禁忌（taboo, タブー）」である。集団の掟《おきて》も社会の法律も何もない〝自然な〟世界なら、何をやろうと自分の勝手である。その結果、食物を得て生き延びようと、食物が得られず生命の危機があろうと個体（自己）責任である。しかしながら、私たち人間は社会的動物（social animal）であり、私たちが住む〝社会〟には、所属集団のルールもあるし、国家の法律もあるから、それを犯せば（厳密にいえば、その逸脱が発覚すれば）、所属集団から制裁が与えられる可能性があるし、権利を剥奪され、罰金または懲役（刑務所という施設に隔離）を科せられる不利益を被る。そのような事態を回避するには、何がタブーなのか、規範を学習する必要があるといえよう。

恥意識という心のブレーキ

さまざまな規範のなかでも、社会で生活していくには、特に、道徳的規範（moral norms）を獲得する必要がある。道徳は、さらに「倫理」と「慣習」の領域に分かれる（Topic 3を参照）。その道徳的規範には、逸脱したら明確な罰則がある場合もあるし、ない場合もある。たとえば、人間としての倫理またはその宗教的倫理には反するが、自己防衛であるなど法的には処罰の対象にならない場合も考えられる。あるいは、道ばたにゴミをポイ捨てしても、その地域の条例で罰則規定がなければ法的には逸脱にならないことが考えられる。特に、日本人は、日本人の世間体の変容（第1章を参照）に見られるように、地域での抑止力が衰え、法律にさえ触れなければ自分たちの勝手だ、という社会的態度をもつ人たちが増えているのかもしれない。

冒頭に挙げたエピソードのような万引きも傘取りも泥棒行為であり、窃盗罪という犯罪である。特に万引きは、法律的には窃盗罪という刑法を犯した犯罪にもかかわらず、厚生労働省の施設（児童自立支援施設や児童養護施設）の中高生を対象にした研究（永房ら、二〇〇五）では、心理的には、夜遊びや怠学といった虞犯行為（犯罪ではないが不良行為）と同じ感覚であることが明らかになっている。このような万引き、ちょっと借りる（でも結局は返さない）といった他者の物を無断で自分の物にするといった行為を、社会的に抑制すべき行為として心のブレーキ対象とすることに異論は少ないだろう。

心のブレーキには、外的な抑制（たとえば、警官が見ているからやらない）と内的な抑制（自分の信念に反するからやらない）という違いも考えられる。そして、人の心を車にたとえれば、行動を促進する機能として〝アクセル〟、抑制する機能として〝ブレーキ〟が考えられる。たとえば、道徳的規範からの逸脱ブレーキには二種類があり、一つは精神分析学者のフロイト（Freud, 1932）が考えた心的装置としての「超自我（super ego）」、これはいわば親から影響を受けた良心（conscience）にあたり、無意識レベルから意識レベルにわたる強力なサイドブレーキである。もう一つは「自我（ego）」であり、これは意識レベルでの調節可能なエンジンブレーキである。私たちが心にブレーキをかけるということは、その背景にこの超自我と自我の働きがあると精神分析学の観点から理解することができる。しかしながら、その行動を抑制するかどうかは、自我といった内的なものだけでなく、外的な状況を認知した上での判断であるとも考えられる。人間の行動が、個体と状況との相互作用の結果であることを重視する社会心理学（social psychology）の観点では、社会的状況を認知し、さらに価値観などの社会的態度が影響し、行動を抑制するというプロセスが考えられる。このときに影響を与える要因には、認知だけでなく、感情も大きな要因として考えられる。特に、社会的または道徳的に望ましくない行動を抑制するには、ドキドキするといった生理的喚起に基づく感情が大きく影響するといえよう。

次に、このような心のブレーキとしての代表的な感情として、「恥意識」を取り上げ、この恥意識の特徴とブレーキ機能、さらに、恥意識の生起メカニズムと対処法について紹介する。

恥意識とは何か

「恥（ハジ）」とは、新明解国語辞典（金田一ら、一九八五）によれば、「①世間体を意識した時に、ばかにして笑われるのではないかと思われるような欠点・失敗・敗北・言動など（を自省する気持ち）。『―をかく・―の上塗り：赤っ―』、②自ら・人間として（道徳的に）未熟な所があるのを反省する・こと（気持ち）。『―を知れ』」である。これらから、恥は、一つには世間体という他者を意識したときに生じる否定的な行為を自省する気持ち、もう一つには道徳的（人として理想である行為の規準）に未熟であることを反省する気持ちの二側面がみられる。そして、心理学では、永房（二〇〇〇；二〇〇四a）が自由記述に基づいた質問紙調査によって、恥意識（Shame–Consciousness）を「他者の目あるいは理想的自己を意識したときに、非難の対象となり得るような自己の行為に対して生ずる気持ち」と定義している。単に「恥」ではなく、恥に〝意識〟という語尾がついているのは、「恥意識」は感情の一つではあるが、その感情生起の根拠となる生理的なドキドキ感に対して、それが「恥である」と認知的評価をくだして言語報告された結果であるという構成概念に基づいているからである。

表1　日本の若者の恥意識の因子構造（永房，2000；2004a をもとに作成）

因子Ⅰ　自己内省	因子Ⅱ　同調不全
（例） 自分の正しいと思うことができない 自分の思っていることをはっきり話せない	（例） 周りの人の話題についていけない 誰もが持っている流行のものを持っていない

因子Ⅲ　社会規律違反	因子Ⅳ　視線感知
（例） 特別な理由もないのに約束を破る 約束の時間に遅刻する	（例） 電車の中で携帯電話を使って話す 店のレジで買い物に手間取る

日本人の恥意識

日本の心理学的な恥研究では、永房（二〇〇〇；二〇〇四a）が、「他者の目」を気にした恥、「自分自身がどう思うか」の恥という二つの恥の知見に基づき、日本版・恥意識尺度（JSCS：Japanese Shame-Consciousness Scale）を作成している（詳しくは巻末の心理尺度集を参照）。この日本版・恥意識尺度を用いた調査研究が、小学生、中学生、高校生、大学生を対象に行われている（永房・中里、二〇〇〇）。その結果、日本人の若者（高校生と大学生）の恥には四つの因子があることが明らかになっている（表1）。まず、「自己内省」は、自分が自分で不甲斐無いという、自己の理想規範からの逸脱認知で生じる恥意識である。次の「同調不全」とは、みんなと違うから恥ずかしいという同調規範からの逸脱認知で生じる恥意識である。そして、「社会規律違反」とは、悪いことをして情けないという社会規律からの逸脱認知で生じる恥意識である。最後の「視線感知」とは、他者からの視線を感じて恥ずかしいという、その場に合った行動から逸脱しているのではないかと感じる恥意識である。若者の恥意識には性差がみられ、女子のほうが男子よりも高い。また、若者のなかでも高校生は公的自意識（菅原、一九八四）という他者からどうみられるかという自己意識とより高い相関関係がみられる（永房、二〇〇四b）。そして、みんなと違うだけで恥ずかしいと感じる「同調不全」の恥意識は、欧米の研究ではほとんどみられず、日本人の恥意識の特徴として今後の研究が期待される。

恥意識の国際比較

恥という感情は、日本だけでなく、世界の多くの人にみられる感情である。たとえば、進化論で著名なダーウィン（Darwin, 1872）は、「恥」の表出がヒトという種に内在する固有のものと言及している。また、表情による感情研究を行ったイザード（Izard, 1977）も、人間の感情には基本的感情があると指摘し、その感情のなかで「恥（shame）」を挙げていることから、恥は人に共通する感情のひとつといえよう。

日本は、かつて文化人類学者のベネディクト（Benedict, 1946）によって恥の文化と呼ばれた。それでは、現代の日本の恥は、世界の恥と比べてどのようになっているであろうか。永房（二〇〇二）は、日本・アメリカ・イランの小学生を対象に国際比較を行った橋本（一九八七）と橋本

表2　恥意識に関連する準拠集団と恥規範に影響を与える対象

準拠集団	恥規範に影響を与える対象	恥意識
1）家族集団	親	親の叱責
2）学校集団	先生	先生の叱責
3）仲間集団	友人	同調不全
4）社会集団	他者全般（公共）	社会規律違反
5）なし（自己）	自分（理想自己）	自己内省

と清水（Hasimoto & Shimizu, 1988）の羞恥感情の態度測定項目を参考に、国際版・恥意識尺度（ISCS : International Shame-Consciousness Scale）を作成している。そして、橋本（一九八七）の研究では、日本、アメリカ、イランの児童に共通した羞恥状況として、親や先生からの叱責状況を指摘している。つまり、日本・アメリカ・イランの小学生にとって「恥ずかしいとき」とは、親や先生から「叱責されたとき」というわけである。

永房（二〇〇二）は、この国際版・恥意識尺度（ISCS）を用いて、日本、アメリカ、トルコの中高生を対象に国際比較調査を行っている。この恥意識尺度の特徴は、各国に共通して、各個人の恥意識に影響を与えるであろう五つの準拠集団（reference group）をもとに、五つのタイプの規範からの逸脱状況での恥意識項目を設定していることである（表2）。また、対象が青少年であることから、青少年の恥規範に影響を与える対象が、「親」「先生」「仲間（友人）」「社会（公共）」「自分（理想自己）」の五つであるとの仮説に基づき、三カ国での国際比較調査を行った。因子分析という統計的分析の結果、仮説どおり五つの因子構造がみられた（永房、二〇〇五）。恥意識の五因子とは、「親の叱責」「社会規律違反」「同調不全」「自己内省」「先生の叱責」である。これらの各特徴のうち「社会規律違反」「同調不全」「自己内省」は先述した日本版・恥意識尺度と同じであり、親や先生の叱責は、その名前のとおり、親あるいは先生から叱られて恥ずかしいというものである。さらに、分散分析と多重比較という統計的検定を行った結果、恥意識の合計得点は、日本とアメリカとの間には差はみられず、恥意識が一番高かったのはトルコという結果であった。なかでも日本が、アメリカやトルコより顕著に高かったのは、みんなと違うから恥ずかしいという同調的恥意識であった。この国際比較研究の結果から、日本の若者は、恥規範の対象として自分が仲間だと思う友人たちをより意識し、みんなと違うことをしたら恥ずかしいという恥意識に敏感であるといえよう。

恥意識生起のメカニズムとその対処法

恥は「不快」な感情である。そして、恥を含む感情生起のメカニズムには、ポジティブまたはネガティブといった「評価」という視点が重要である（Tangney, 2003）。私たちが恥を感じるときには、その行動がある規範に照らして、下位に逸脱する（劣っている）という評価をともなう。しかし、広範な「恥ずかしい」感情である羞恥心としての〝照れ（テレ）〟の場合には、自分の評価よりも他者からの自己への評価が上位に逸脱する場合（すなわち自分が思う以上に他者に褒められる）があるが、〝恥（ハジ）〟の場合は、あくまでもある規範よりも下位、劣等としての逸脱というネガティブな評価が必要となる。そして、恥には、このような規範からの逸脱をチェックする「規範モニター」と、その規範逸脱がさらに恥かどうかをチェックする「恥モニター」が考えられる（図1）。まず、規範モニターでは、自分が恥と思う「自己規範」と他者（の立場）からみて恥と思う「他者規範」がチェックされる。そして、自己規範と他者規範のどちらからも逸脱していないと認知すれば恥意識は生起しない。次に恥モニターで、その規範逸脱の行為が恥であるか否かの評価が行われる。その逸脱行為が、自己からみて恥か、他者（の立場）からみて恥か、自己と他者の両方からみて恥か、自己と他者の両方からみて恥ではないかの評価を行う。もし、自己からも他者からも恥と思われなければ、不快感を生じる恥意識は生起しない。しかし、自己からも他者からも恥、自己からみて恥、他者からみて恥だと思えば、不快感をともなう恥意識が生じる。その恥意識の不快感の強さは、規範逸脱の程度、自己にとっての行為の重要性、他者との関係性によって異なると考えられる。

次に恥意識の対処法であるが、恥意識は不快感をともなうため、不快感低減のための対処が必要となる。恥の対処行動としては、防衛機制としての「否認」「合理化」「正当化」が挙げられる。否認とは、「これは実は恥ずかしいことではない」と自分で思い直す、あるいは他者から「問題ない」と言葉がけをもらうことである。合理化は、「誰も見ていなかったから大丈夫」と考え直すことであり、正当化とは、「あれは仕方がないことだった、何も悪くない」と開き直ることである。しかし、顔から火がでると感じるほどの恥ずかしい失態をしてしまった場合には、時間を

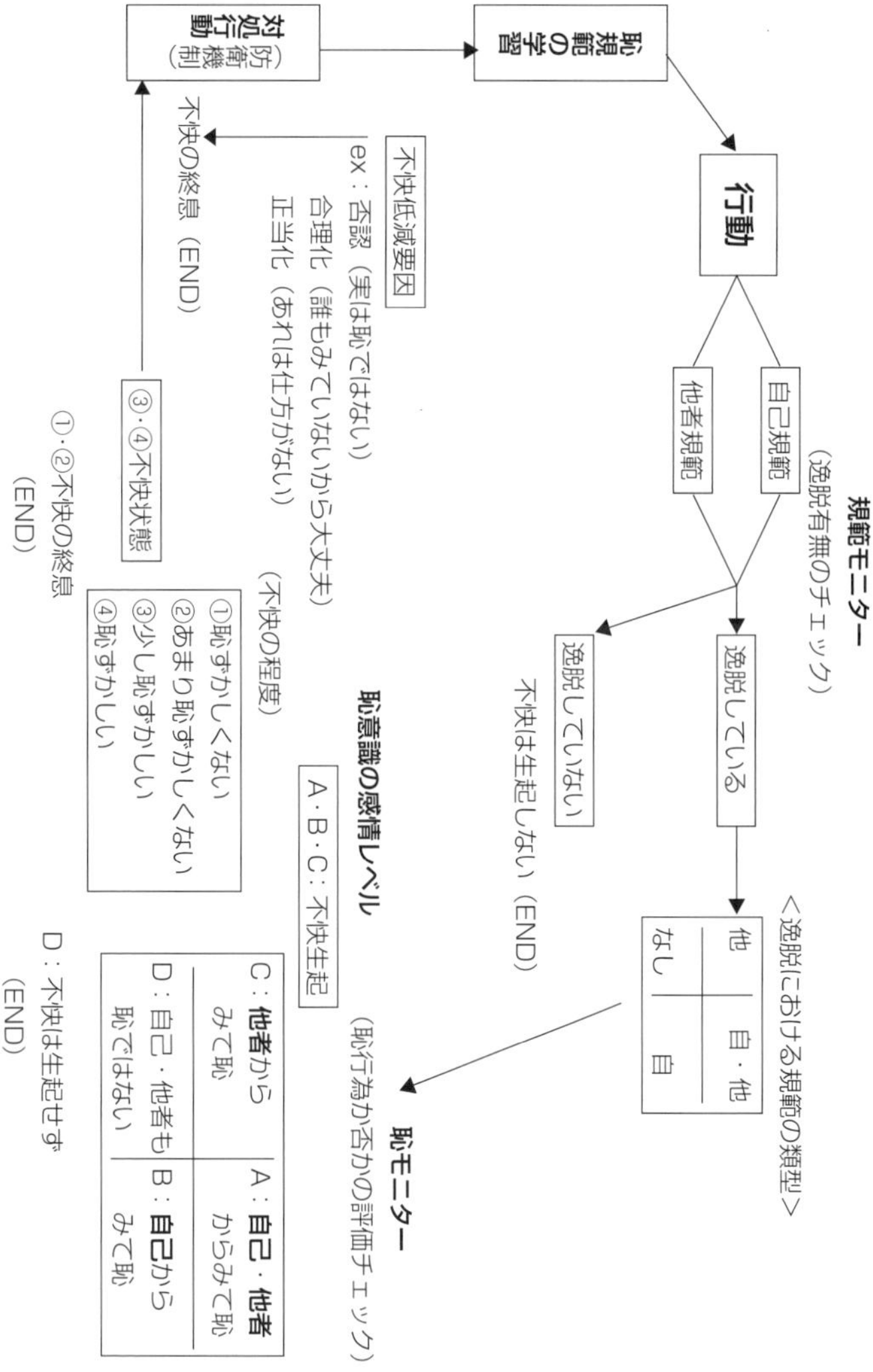
恥規範の学習
行動
自己規範
他者規範
規範モニター
（逸脱有無のチェック）
逸脱している
逸脱していない
不快は生起しない（END）
<逸脱における規範の類型>
他
自・他
なし
自
恥モニター
（恥行為か否かの評価チェック）
恥意識の感情レベル
A・B・C：不快生起
A：自己・他者からみて恥
B：自己からみて恥
C：他者からみて恥
D：自己・他者も恥ではない
D：不快は生起せず
（END）
（不快の程度）
①恥ずかしくない
②あまり恥ずかしくない
③少し恥ずかしい
④恥ずかしい
①・②不快の終息
（END）
③・④不快状態
対処行動（防衛機制）
不快低減要因
ex：否認（実は恥ではない）
合理化（誰もみていないから大丈夫）
正当化（あれは仕方がない）
不快の終息（END）

図1　恥意識の生起メカニズムと対処行動

かけて忘却を待つか、なかなか忘れることができずに不眠などの心身への不調をきたす場合には、臨床心理学的対応や医学的治療の必要があるだろう。このように、恥意識の発生から終息の過程には、①状況における逸脱認知→②恥か否かの評価→③「恥ずかしい」という不快感の生起→④不快感低減の防衛機制というメカニズムが存在すると考えられる。その後、私たち人は、何がタブー（規範からの逸脱）で恥であるかという恥規範を学習し、恥意識というブレーキ力を高め、社会環境に適応していくと思われる。

他者を気にする心のブレーキ

これまでみてきたように、心のブレーキを働かせる心理には「恥意識」がある。その恥意識は、他者を気にすることによって生じる自己意識感情（self-conscious emotion）である。そして、その恥ずかしいというドキドキ感やある種の不安は、そのとき、そこで、〝してはいけないこと〟をしている、〝その場にふさわしい行動〟をしていない、という自己のおかれた環境についての情報を私たちにフィードバックしてくれる、社会適応に必要な感情である。しかし、恥意識という心のブレーキは、まったくない状態も、ありすぎる状態も不適応といえる。そのため、対処法は恥規範に無関心な場合と、恥規範に敏感な場合の両者が必要となる。このような極端な恥の状態としては、たとえば高い場合の対人恐怖（第5章を参照）、低い場合の反社会性人格障害

（第8章を参照）など病理性が著しい場合には、薬物療法や認知行動療法などの精神医学や臨床心理学的アプローチが必要であろう。ただ、私たちにとってはそのような極端なケースではなく、日常生活における恥意識のほうがより身近で重要である。恥意識のメカニズムと防衛機制という対処法はすでに述べたが、たとえば、いつもやるべきでないことをしてしまい、〝KYな（空気が読めない）奴〟と身近な他者から疎まれる場合には、その場で何が〝タブー〟なのかを学習することで対処が可能となる。自分で考えても分からない場合には、恥ずかしがらずに、「恥ずかしいことだけど、自分の何が悪かったか教えてほしい」と素直に他者に聞いてみるとよい。逆に、恥を感じすぎて、他者と関わることに臆病な場合には、「周りからどう思われてもよい」「自分は自分、間違っていない」と開き直るくらいの気持ちが積極的な行動へ導いてくれるであろう。

恥意識は、私たちに心のブレーキをかけさせ、社会適応へと導いてくれる重要な感情であるが、実は行動抑制というブレーキ機能だけをもっているのではない。恥意識には、みんなと違うのは恥ずかしいから〝やらない〟だけでなく、みんなと違うのは恥ずかしいから〝やってしまう〟（たとえば、いじめや非行、職場での法令違反）という行動促進のアクセル機能も存在する。他者と関わる私たち人間が生きるためには、他者を適度に気にする心のエンジンブレーキ、非常時の心のサイドブレーキが必要である。その心のブレーキが社会生活でより良くはたらくためには、良心（道徳的知識や価値観の規範）と社会的感受性（他者や周囲への敏感さ）という心の両輪が必要といえよう。

Topic 2

犯罪・非行と良心

悪かという価値観は、オペラント条件づけという学習の結果という見方ができる。今後は、情緒の学習における認知面（ある事象への評価を伴う認知的処理）の研究アプローチが必要となってくるだろう。

良心の心理学的研究者であるシアーズ（Sears, 1960）は、良心の三つの働きを指摘している。第一に、「誘惑への抵抗力」であり、受け身、消極的な良心、行動的側面という特徴。第二に、「罪悪感」であり、受け身、消極的な良心、情緒的側面という特徴。第三に、「積極的に良いことをする」であり、能動的・積極的な良心、人への献身、人へのサービスといった特徴である。なかでも実験的な研究が比較的容易なのは、「誘惑への抵抗力（RTT：resistance to temptation）」である。先駆的な研究には、ハートションとメイ（Hartshorne & May, 1928）の人間（ヒト）を被験体とした「ごまかしに関する研究」があり、下位分類として、「人をだます行動」「うそをつく行動」「物を盗む行動」に分けられている。

中里は、科学警察研究所で非行研究を行った経験から、非行少年は、一般少年よりも誘惑への抵抗力が低く、罪悪感もほとんど示さない、また、非行少年の多くは、早くから独立を要求され、愛情中心ではなく、物質中心のしつけを受けていることから、非行少年の良心形成を研究するには、親子関係や価値観を調べることが重要であると主張している。

犯罪をしないためには良心という心のブレーキが必要である。その形成には自分が尊重されたという愛情経験に基づく、「他者は尊重すべきである」という価値観が必要であろう。　（永房典之）

なぜ多くの人は犯罪をしないのだろうか。犯罪・非行の心理学的研究を行う場合、本来的には、すでに犯罪を犯した犯罪者や非行を行った非行少年を対象に「なぜ犯罪を犯したのか」という研究をしなければならない。しかしながら、心理学において、実験的な方法で犯罪行動を研究する、あるいは犯罪者や非行少年ではない一般成人や一般少年を対象に研究する場合、実験条件の統制や対象者を考えると、研究を実施するには困難な点が多い。よって、実験研究や一般成人・少年を対象とした犯罪・非行の研究を行う場合は、中里（1975）が提唱するように、犯罪行動や非行の原型を「規則を破る」行動として、操作的に定義し、犯罪者・非行少年を、「規則を破った人、もしくは破りやすい人」ととらえることで研究が可能となる。心理学での犯罪行動の研究対象には、中里が指摘するように、「どのような条件のときに、その規則を破りやすいか」、あるいは「規則を破ったあとの後悔または罪悪感」などが考えられる。そして、このような犯罪行動と密接に関連する生体の内的要因は、総称して、「良心」と呼ぶことができる。

良心とは、新明解国語辞典（金田一ら、1985）によれば、「自分の本性の中にひそむ欺瞞・打算的行為や、不正直・不誠実・ごまかし・怠惰の念などを退け、自分が正しいと信じる所に従って行動しようとする気持ち」である。そして、心理学における良心（conscience）とは「善悪を判断し行動を規制する内的なコントロールのメカニズム」（中里、1975）である。たとえば、アイゼンク（Eysenck, 1964）は学習における情緒面を重視し、良心とは条件づけられた情緒反応だと考えている。つまり、良心という生理的反応は、古典的条件づけによる情緒の学習の結果であり、善か

なぜ人は罪悪感をもつのか？

第3章

Key Word

罪悪感
共感
社会的感情

有光興記
ありみつ　こうき

【質問】あなた自身の罪悪感の経験を一つ思い出してください。

あなたは、どのような経験を思い出しただろうか。親にウソをついたときや友だちとの約束に遅れたときなど、自分で悪いとわかっていて行った（行ってしまった）経験を思い出した人もいれば、電車で老人に席を譲らなかった、いじめられている人を見て見ぬふりをしたなど、他者を思いやった行動ができなかったことを思い出した人もいるだろう。また、罪悪感の経験を思い出したくないと思った人もいるだろう。罪悪感の経験の多くはあまり思い出したくない苦々しいものであり、できるだけその感覚から逃れたい、忘れたいと思うものである。なぜ、そのような苦痛に満ちた感情をわれわれは経験するのであろうか。本章では、なぜ罪悪感を経験するのかについて、経験の種類やメカニズム、その他者への影響力に関する研究例を通じて説明していきたい。

罪悪感とは

【質問】小学生に「罪悪感って何?」と聞かれたとき、あなたならどのように答えますか。

辞書的には罪悪感とは、「自分が罪悪を犯したと思う気持ち」であり、罪悪とは「道徳や宗教の教えなどにそむく行為」という意味である(新村、一九九八)。罪悪というと重い罪という印象で、犯罪行為を思い浮かべる人もいるかもしれないが、実際には嘘や遅刻など軽微なルール逸脱行為も含まれる。大学生の罪悪感経験を調査した結果(有光、二〇〇二a)から、罪悪感を経験する状況は他傷、配慮不足、利己的行為、負い目の四つに分類できることがわかっている(次頁、表1)。他傷とは、腹が立ってひどいことを言ってしまう、叩いてしまうなど人を傷つけてしまった状況である。配慮不足とは、困っている人を助けてあげられなかったなど「助けてあげるべき」というルールを守れなかった状況からなる類型である。利己的行為とは、他人のお菓子を勝手に食べる、間違って多くもらったお釣りをそのままにしてしまうなど不当な利益を得るというルール違反をした状況からなる。負い目は、学費を納めてもらうなど親に金銭的負担をかけていると思ったときや高価な物を買ってもらったときなど、自分が他者に受けた過剰な恩恵に対して「他者に負担をかけず、自分のことは自分で行うべき」というルールへの違反をした状況からなり、義理を果たさなくてはならないという思いを抱くため負債感とも言われる。このように罪悪感は、他者を直接傷つけるなどの状況だけでなくさまざまな状況で経験され、社会的なルール違反に対する悪いことをしたという気持ち、良心の呵責、後悔からなる感情である。

罪悪感の訳語は、"guilt" がよく使われる。"guilt" の経験は、罪悪感とよく似た経験であり、経験する状況も類似している。"guilt" の喚起状況を用いた測定尺度（Klass, 1987）や状況の記述をまとめた研究（Keltner & Buswell, 1996）でも、他傷、配慮不足、利己的行為に関しては言及されている（表1）。しかし、負い目については触れられていない。負い目は、比較文化に関する理論から日本文化の特徴とされている。ベネディクト（Benedict, 1946）によれば、日本人は昔受けた親切に対して返礼をしなくてはならないといった義理を重んじるが、アメリカ人はそうした恩

表1　罪悪感喚起状況の種類（有光，2002bを一部改変）

因子	関連する対人場面	Klass (1987)	Keltner & Buswell (1996)
他傷	他人を傷つける行為への後悔の念	○	○
配慮不足	対人配慮行為を自分の利益や身勝手のために行わなかったことに対する罪悪感	○	○
利己的行為	自分だけが利得を得たことを不適切であったと後悔する意識	○	○
負い目	他者が好意的に与えてくれた利益の義理を果たすことへの負債感	×	×

注）○は，その状況が当該研究で使用された尺度に含まれることを示す。

義を（日本人のように）銀行の借金返済のような厳格さをもって返さなくてはならないとは考えない。直接国際比較を行った研究がないため、アメリカ人が負い目をあまり経験しないのかは明確ではない。今後の研究課題と言えるだろう。

罪悪感に至るメカニズム

【質問】約束を守れなかったとき、罪悪感を強く感じて申し訳ないと何度も謝る人がいます。一方で、まったく平気な顔をして罪悪感を経験しない人もいます。約束を破った人に怒ったら、「なんでそんなに怒るんだよ！」と逆ギレされることすらあります。こうした違いは、なぜ生じるのでしょうか。

同じ状況でも罪悪感を経験する人としない人が存在する。こうした違いがなぜ生じるのかについては、まず罪悪感を経験している人の考えを想像してみると理解できるだろう。たとえば、待ち合わせに遅れそうになったとき、「約束を守るべきで、遅れてはいけない」と思うと、遅れないために何か方法はないか考え始めるだろう。しかし、結果的に遅れてしまった場合、自分が寝坊したなど、行動が原因だと考えれば、罪悪感を経験することになる。また、自分がルーズだから、ずぼらな性格だからなど、自分の能力不足が原因だと考えれば、恥も経験するだろう。一方、遅れてしまっても平気な人は、「約束を守るべきで、遅れてはいけない」というルールをもたない可能性がある。また、電車の人身事故など自分の責任でない場合は、罪悪感は強く感じない。約束を破って平気な顔をしている人は、ルール違反の原因を自分だと考えていないため、罪悪感を経験していない可能性もある。このように失敗や成功の原因をどのように考えるか（原因帰属）については、内的帰属（自分に原因を帰属しやすい）傾向が罪悪感の生起に関わっていることがわかっている（Arimitsu, 2002 ; Tangney, 1995）。

また、「約束を守るべきで、遅れてはいけない」という考えは、道徳判断の一種であり、自分自身はこうあるべきというアイデンティティ目標とも言える。目標と自分の行動のズレについて内省する傾向を私的自己意識と言うが、私的自己意識が高いと罪悪感を経験しやすいことも指摘されている（有光、二〇〇二ａ）。

罪悪感を経験するには、他者の気持ちをどう捉えるかも重要である。約束の時間に遅れそうになったときに、待たせている人の立場に立ち、その人のいやな気持ちを想像し、悪いことをしたと思うことがある。また、約束を破られて怒っている人の顔を見たときに、その人が受けた苦痛を感じることもあるだろう。このように、他者の気持ちをそのとおりに理解することを共感といい、罪悪感の経験に必要となる。共感には、他者の立場を想像してその感情を理解する視点取得または役割取得という認知的過程と他者への感情的な反応である共感的配慮の二つの要素が含まれる（Davis, 1994）。実際に、罪悪感を経験する傾向が高い人は、視点取得、共感的配慮の傾向が高いことがわかっている（有光、二〇〇六a；Tangney, 1995）。

約束を破る場合は他者に直接危害を加えており、他者の反応が怖くて罪悪感を経験することもある。他にも、親や教師に怒られると思って、悪いことをしたと感じた経験は誰しもあるだろう。この場合は、共感というよりも罰への恐怖から罪悪感を経験していると言える。悪いことをしたときに罪がバレないように他者を避けるのは、罰への恐怖からである。発達的にはまず罰への恐怖から罪悪感を経験する。フェーグソンとステッグ（Ferguson & Stegge, 1995）によれば、八歳だと罪悪感を経験しても罪がバレないことを望み、告白しようとせず、他者を避けるが、十一歳になると罪悪感の経験が罪の告白に結びつくようになるという。他者の気持ちを推測するという共感反応は、罰が予測されるような他者を傷つけた状況だけでなく、罰則のないような、老人に席を譲れなかったときなど配慮不足の状況においても、罪悪感を経験させる。また、困っている人を見たときに、他者の気持ちを理解し、罪悪感を経験して助けてあげたいと思ったが、どうしてよいかわからず、混乱し苦痛を経験することがある。この共感反応は個人的苦痛と言い、最初は他者に関心があったが自分に関心が移っているため、自己志向型の共感反応と言われる。一方、視点取得や共感的配慮は他者志向型と言われる。自己志向型の共感反応は、「どうしてよいかわからないし、まわりから変に思われる」など恥の感情につながりやすく、「どうして私の前でそんな困った姿でいるのか」など困っている人への怒りにもつながることが指摘されている（有光、二〇〇六a；Tangney, 1995）。

罪悪感を経験した結果どうなるのか

【質問】罪悪感を経験すると、どんな気持ちになりますか。また、身体の変化はありますか。思いつく限り書いてみてください。

罪悪感の経験の多くは、苦痛を伴う。恥（shame）や羞恥（embarrassment）と罪悪感（guilt）の経験を比較した研究（Tangney et al., 1996）では、不快感、自己に対する怒り、身体が小さくなった感じ、劣等感、時間が速く過ぎている感じという反応が罪悪感に特徴的であった。また、自分の罪を隠したい、他者から隠れたいなどの対人回避や違ったやり方でしたほうがよかったという後悔も罪悪感に特徴的であるが、一方で償いをすることが動機づけられる。罪悪感の機能の一つとして、自分のしたことを元通りにしようとする補償行動を促すことが指摘されている（Tangney, 1995）。有光（二〇〇二c）では、罪悪感傾向が高い人は補償行動を含む概念である向社会的行動を行いやすいことがわかっている。また、「こんなことをすれば相手を傷つけてしまう」「人にバレたら罰を受ける」などと考え、罪悪感を経験することもある。ルール違反をする前に罪悪感を経験したときには、その問題行動が抑制される。たとえば、罪悪感は怒りの表出を抑制し（Arimitsu, 2002；Tangney, 1995）、他害行動（例・人をいじめた）と非行（例・万引きをした）の頻度を低下させることが明確になっている（有光、二〇〇二c）。

罪悪感経験における身体の変化として、ドキドキ（心拍数の上昇）や赤面をあげた人もいるだろう。恥や羞恥の経験と比べると経験の頻度は低くなるが、心拍数の上昇や赤面は罪悪感の身体表出の一つである（Tangney et al., 1996）。特に、赤面はルール違反をしたときに、ルールは理解しており、罪の意識を感じていることを他者に伝え、他者からの非難と攻撃を回避する効果があることがわかっている（有光、二〇〇六b）。赤面の他に表情を検討した研究（Keltner & Buswell, 1996）もあるが、他の感情と区別できる罪悪感特有の表情は見出されていない。

罪悪感の経験により問題行動が抑制され、補償行動が動機づけられることから、罪悪感には対人関係を円滑にし、関係を改善する機能があると考えられている。そのため、罪悪感傾向の高い人は精神的健康が高くなる（有光、二〇〇一）。しかし、罪悪感が抑うつなど不適応反応につながることもある。たとえば、親から虐待を受けた子どもは、あまりに被害が大きいため、何か自分に悪いところがあるから被害を受けたと考え、自分自身を過剰に責める傾向にある。他にも、戦争の生存者が、自分自身が生き残ったことに対して罪悪感を経験する場合も、対処がむずかしいため、抑うつにつながるケースがある。過剰な責任感をもち、統制不可能な事柄を原因としているため、罪悪感に対処できず、抑うつに陥ってしまうのである。こうした慢性的な罪悪感を解消するには、責任の再配分という認知行動療法の手続き（たとえば、虐待を受けたことへの責任の見積もりを自分一〇〇％から自分一〇％、母親二〇％、父親四〇％、アルコール三〇％と変更する）が効果があることがわかっている（有光、二〇〇六c）。

罪悪感の対処法

【質問】罪悪感を経験したあと、どのような対処をしますか。思いつく限り書いてみてください。

罪悪感を経験すると、なんらかの対処をしようと思うことがある。嘘をついたあとに「悪かった」と思って、そのことを正直に相手に伝えたり、言い訳をしたり、また友人の家に遊びに行ったときにコップを割ってしまったときには、掃除をして新しいコップを買ってくるなどの対処があるだろう。有光（二〇〇八）は、二十項目からなる罪悪感対処質問紙を作成し、因子分析を行い、その種類を明確にしている。項目例を表2に示した。罪悪感の対処は、被害を与えた相手に対して補償行動を行うか、時間経過を待ち被害の回復をする

表2　罪悪感の対処項目例

項目
改善行動因子
問題解決にむけて積極的に努力する
特に気にせず何も行動しない
謝罪する
相手に気を遣って接する
何事もなかったかのようにふるまう
否認因子
関係ない人や物に八つ当たりする
罪悪感を感じる相手や物を避ける行動をとる
別の人や物のせいにする
気を紛らわすためにまったく関係ない行動をする
相手の非を責める

改善行動因子と、被害を与えた相手を避け、自分の責任を相手に置き換えることで苦痛から逃れようとする否認因子の二つに分類可能であった。また、苦痛の低減には二つの因子ともに関係がなかったが、改善行動因子は回復期間を長くするが対人関係の改善につながることが明らかにされている。有光（二〇〇八）の結果は、謝罪という積極的な対処が対人関係の改善に効果があることが示唆されているが、どのように謝罪すればよいかは遭遇する状況によっては簡単ではない。次の例題から、謝罪の仕方について考えてみたい。

【質問】国産霜降り和牛の専門店チェーンとして味に定評があり人気のあった「焼肉スーサプ・ヤジ」では、和牛の値段が高くなってきたことから一部輸入肉を使用していたことが内部告発によって明るみになってしまいました。記者会見では、処分について「価格が上がったので、仕方がなかった」と言って無表情で謝りました。あなたは、この謝り方についてどう思いますか。

謝罪は、被害者が抱いている怒り感情を沈め、加害者の印象を改善し罪を許容してもらうために有効な手段である。しかし、例題では価格の上昇に責任をなすりつけて「仕方がない」と無表情で行っていることから、責任を回避し、罪を逃れようとしているという印象を受ける。いわば、罰の回避を目的とした謝罪（道具的謝罪）であり、責任の受容や罪悪感の認識が伝わらないため謝罪として評価されにくい。シュレンカーとダービー（Schlenker & Darby, 1981）によれば、被害者の怒りを抑制する謝罪の仕方としては、「ごめんなさい」とだけ言う、「どうもすいません」と言う、自責の感情を表出する、被害者に助けを申し出る、被害者の許しを乞うために何か言ったり行ったりする、自分自身を厳しく批判するという六種類がある。また、責任があり、加害の程度が高いと多くの種類の謝罪を行う。したがって、例題の場合に印象を改善できる謝罪の仕方としては、罪を正直に認め、自分の責任であることを明確にするため、「自分の行動は間違っていました。処分は当然です」と言い、顔を赤くする（罪悪感の表出）と聞いている人は本当に謝罪していると感じるだろう。

罪悪感とうまく付き合っていく

本章では、罪悪感の種類とメカニズム、対処法について紹介した。罪悪感はさまざまな対人場面で経験する苦痛を伴う感情であるが、それぞれの場面で有効な機能があり、対人関係において欠かせない感情である。良いことだとわかっていても、実際に人の気持ちを理解して、思いやりのある行動をすることはむずかしい。わかっていても傷つけてしまうし、人の表情を読み取ろうとしても間違って認識することもある。また、罪を告白したり、人を助けたりするには勇気が必要である。しかし、謝罪の例題で述べたようにうまく立ち振る舞えば許しを得ることができるのである。今後、罪悪感の経験をきっかけとして、被害者から逃げず接近することで、よりよい人間関係を築くように心がけてもらえば幸いである。

した行為の実行）である。

行動を実行した（ステップ(6)）結果、適切でなかった（いざこざが起きてしまった）場合は、再度、ステップ（1）に戻り、同じ処理経路をたどって問題解決をやり直すと考えられている。

さらに、アルセニオとレメライズ（Arsenio & Lemerise, 2004）は、この中に、領域特殊理論の考え方を組み込み、人によって同じ場面に遭遇しても生起する行動が異なることを説明しようとしている（図 1）。この領域特殊理論とは、「道徳（絶対に許されない行為）」「慣習（文化的慣習）」「個人（自己裁量）」という三つの独立した領域から社会的知識が構成されており、さまざまな社会的判断や社会的行動は各領域の知識が調整された産物であるととらえる立場である（Turiel, 1998）。対人場面においては、当人が「道徳」「慣習」「個人」のうちいずれの認識をもつかが分岐点となり、その解釈や実際の行動が変化する。どのステップにおいても、人それぞれがもっている領域知識が情報処理に影響を及ぼしており、結果として行動の個人差が生じていると考えられている。

以上の知見より、他者との関係でどのようなことが示唆されるであろうか。人が対人関係場面の問題を適切に処理できるようにするには、当該場面の認知の歪み（たとえば、いじめを個人領域と認識している場合など）を訂正し、その後の情報処理においても歪んだ認知が作用しないように導くことがひとつの回答として挙げられる。

（藤澤　文）

近年、若者や子どもの対人関係能力の低下が指摘されている。日常生活で他者と関わり生活する私たちは、日々の仲間関係の中で出会うさまざまな場面を、どのように処理しているのであろうか？

社会的情報処理モデルは、社会的場面を一種の問題解決場面ととらえ、人が刺激を受け、それを処理し、行動として実行するまでの認知処理過程を6ステップに分けて説明している（Crick & Dodge, 1994)。すなわち、(1) 手がかりの符号化（何が起きたのか)、(2) 手がかりの解釈（なぜ起きたのか)、(3) 目標の明確化（何をしようとするのか)、(4) 反応検索構成（どのような行動が可能なのか)、(5) 反応決定（行う行動を決定)、(6) 実行（決定

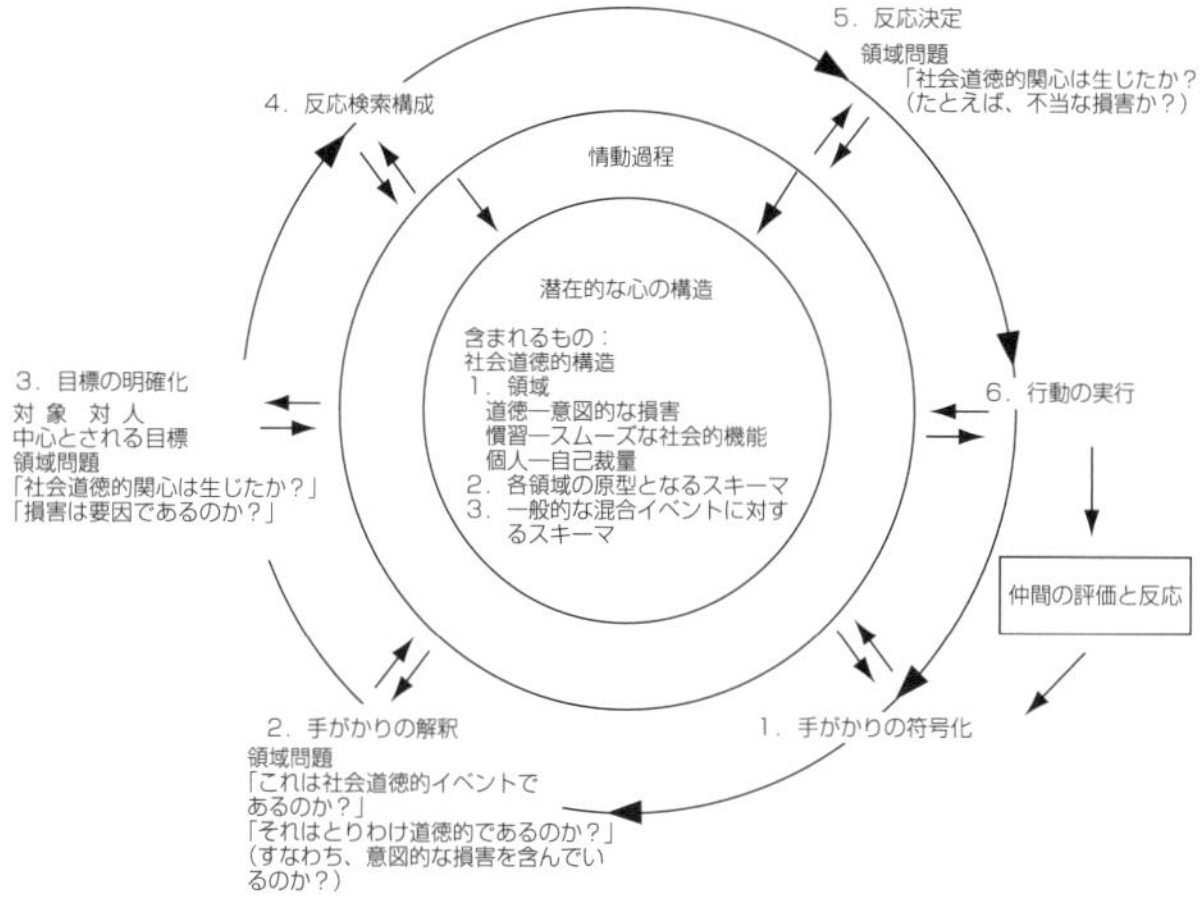

図1　潜在的な心の構造が社会的情報処理へ及ぼす影響の単純化モデル（Arsenio & Lemerise, 2004 より作成）

第4章 なぜ人はそのとき気まずくなるのか？

Key Word
困惑
対人的相互作用
羞恥感情

樋口匡貴
ひぐち まさたか

恋人とデートをしている大学生のAさん。今日は街でショッピングをしていました。大きなデパートの中のお店で気に入った洋服を見つけ、似合うかどうかを恋人にチェックしてもらったり、試着してみようか悩んだりしていました。すると、なんだかどこからか視線を感じます。振り向いてみるとそこには親戚のおばさんが。「あ、おばさん、久しぶり……」。二言三言挨拶を交わした後に、親戚のおばさんは去っていきました。Aさんはなんだか急に気まずくなって、手に取っていた洋服をそこにおき、そそくさと恋人の手をひいてお店を出ていきました。

「気まずい」という言葉を聞いて、あなたはいったいどのような状態を思い浮かべるだろうか。そしてそれはどのような状況で生じたものであろうか。たとえば人前で転んだとき？　恋人とのデートを親戚に見られたとき？

こういった状況で生じる感情が「気まずさ」である。英語では“embarrassment”という用語があてられることが多いようである。この“embarrassment”の日本語訳としては、「気まずさ」のほかに困惑、羞恥感情、恥ずかしさなどさまざまあり、用語によって多少内容に違いはあるが、ここでは一括して「気まずさ」と呼ぶことにする。

心理学の世界では気まずさにはさまざまな定義がなされているが、ここでは「社会的状況において、自分自身の行動が不格好でぎこちないと意識した際に生じる不快な感情状態」と定義しておこう。

気まずくなる状況

あなたが最近気まずくなったのは、どのようなときだろうか? われわれ人間は、本当に多様な状況で気まずさを感じることが多くの調査で明らかにされてきた。

日本人の気まずさ状況を分類した先駆的な研究である成田ら(一九九〇)は、気まずさが発生する状況を大学生から大量に収集・分類し、「状況別羞恥感情質問紙」を作成している。そして気まずさ状況が「劣位の露呈」(例・みっともない髪型や服装をしているとき)、「異性・注目」(例・大勢の前で自分の意見を発表したとき)、「反省」(例・自分にできるはずのことができなかったとき)、「性」(例・ヌードやポルノシーンのポスターを見たとき)の四種類に分類されることを示している。

また欧米でも同様に、多様な状況で気まずさが発生することが示されている。たとえばエデルマン（Edelmann, 1985；Edelmann & MacCusker, 1986）は、「他者の注目の的になった」「他者に対して恥ずかしい」「他の人の行為によって気まずく感じた」「間抜けさを露呈した」といった状況の分類を示している。

この他にも多くの研究が気まずさ状況の分類を試みているが、こういった状況の分類に関する研究を整理した樋口（二〇〇〇）は、気まずさが発生する状況が①公恥状況（例・授業中に自分のレポートが、悪い見本として名指しで指摘されたとき）、②私恥状況（例・親友が困っていたのに、十分な援助ができなかったとき）、③照れ状況（例・自分のちょっとした行為が、人前でほめられたとき）、④対人緊張状況（例・大勢の知らない人の前で、壇上に立って自己紹介をするとき）、⑤対人困惑状況（例・スピーチをしている友人が突然言葉に詰まって、黙り込んでしまう場面に居合わせたとき）、⑥性的状況（例・異性の友人がいる前で、自分のセックス経験について尋ねられたとき）という六種類にまとめられるのではないかと提案している。

このいずれの状況においても、人は〝気まずい！〟と感じるのである。これらを見渡すだけでも、気まずさが非常に多様な状況で発生していることがわかる。

なぜ「気まずさ」が生じるのか

気まずさの発生原因についてはこれまでにさまざまな検討がなされてきており、大きく四つの発生モデルが指摘されてきている。ここではまず、これら四種類のモデルについて説明していこう。

これはまずい行動だ！

一つめのモデルは、モジリアーニが提案した自尊心低減モデルである（Modigliani, 1971）。このモデルでは、〝自分はダメな人間なんだ〟といった自尊心の傷つきが気まずさを発生させると考えた。モジリアーニは実験参加者の作業に対して低い評価を与えることで自尊心を実際に低下させることを意図した実験を行っているが、この実験では自尊心の低下が気まずさを生じさせるという確かな結果は得られなかった。

しかしその後、モジリアーニの主張した自尊心の傷つきは必ずしも必要ではないものの、モジリアーニの実験で用いられた〝他者からの評価〟が気まずさには決定的に重要だと考えたモデルが誕生した。社会的評価懸念モデルと呼ぶことができるそのモデルでは、他の人からまずい評価を受けるのではという懸念が、気まずさを生じさせると考えている（たとえばMiller, 1996）。

このモデルを検討した多くの研究では、「主観的公的イメージ」なるものが測定・検討されており、「主観的公的イメージ」がまずいものである場合に、人は気まずさを感じるという結果が得られている。つまり、〝他の人からどう思われているのかについての自分の考え〟こそが重要であり、実際に他の人からどう思われているのかではない。このモデルは、気まずさが実際の行動や客観的な事象によって起こるというよりも、極めて心理学的なメカニズムによって起こる現象であることを気づかせてくれる。

第三のモデルは、バブコックという心理学者が提案した個人的規範モデルである（Babcock & Sabini, 1990）。このモデルでは、自分の行動と〝私はこういう人なんだ〟という自分自身についてのイメージとのズレが気まずさを生み出すとしている。バブコックによれば、この自分自身についてのイメージは、自分がいかに振る舞うべきかを規定するガイドラインとなる。つまり、このいわば自分専用のガイドラインから自分の行動が外れてしまうことが、気まずさを生み出すと考えたのだ。

このモデルが他のモデルとは決定的に異なる点は、「他者」がモデルに存在しない、という点である。気まずさの原因はあくまでも自分自身のガイドラインから逸れる行動であり、それが他の人にばれたり、他の人から批判される必要はまったくないとしたのである。

ここまでの三つのモデルは、いずれも自分自身の行動が〝まずい〟ものであるという意識に基づいているといえよう。しかし、これらのモデルとは決定的に異なるモデルが存在する。

まずいことをしなくても〝気まずい！〟

気まずさを説明する最後のモデルは、相互作用混乱モデルと呼ばれるものである（Parrott et al., 1988）。他の人と何らかのやり取りをするような場面において、自分がどんな役回りで振る舞ったらいいのか不明瞭であるために、何をしゃべったらいいのか、何をしたらいいのかがわからなくなってしまい、それによって他の人とのやり取りが停滞してしまうことが気まずさの原因であると考えている。われわれは日常生活において、さまざまな役割を担って生活している。たとえば先生の前ではまじめな学生役割、先輩の前では明るく笑いを取る後輩役割、恋人の前では優しく相手を気遣う大人っぽい役割……担うべき役割が明確な場合には、自分がどのように振舞うべきかはわかりやすい。しかし、たとえば威厳のある怖い先輩が突然部活の最中にめそめそ泣き出したとしたら、自分は普段通りの後輩役割でよいのか悩んでしまうだろう。そんなとき、気まずさは発生するのである。

このモデルは、気まずさ研究における現在でも残る大きな問題の一つ、「まずいことをしていないにもかかわらず、なぜ気まずくなるのか？」という問題を解明する手がかりになるかもしれない。

たとえば〝恋人とのデートを親戚のおばさんに見られた〟という状況を考えてみよう。この状況は確かに気まずいものがあるが、まずいことは一切していないはずである。ここでの気まずさは社会的評価懸念モデルや自尊心低減モデルでは説明がつきにくい。

しかし相互作用混乱モデルからはこう考えることができるかもしれない。普段の親戚付き合いの中ではおばと自分との間の役割関係がはっきりしている。また日頃の恋人との関係に関しても、いつもどおり振る舞えばよいだろう。しかし恋人と一緒にいる場面に突然そこにいないはずのおばさんが入ってきたのである。そのとき、恋人役割を演じればいいのか、それとも親戚の中での役割を演じればいいのか、確かに混乱してしまうだろう。つまり、〝どう振る舞ったらよいのかわからない！〟という相互作用の混乱が気まずさを生みだしたとも考えられるのである。

気まずさの発生因のまとめ

これら四つのモデルについて、従来は、実際に悪い社会的評価を与えたり、相互作用を混乱させたりすることで、気まずさがどのように変化するかを検討した、いわゆる実験的な手法によって研究がなされてきた。しかし最近では倫理的な問題から、こういった実験的検討をすることには困難が付きまとう。そこで樋口（二〇〇二）は、上記の四つのモデルで指摘されている気まずさの発生原因がいずれも認知的なもの

表1　気まずさの発生原因の整理（樋口，2002より作成）

気まずさの発生原因	項目の例
社会的評価懸念	・他の人が私のことをどのように評価するか、気がかりだ ・他の人が私に対して悪い印象をもつのでは、と不安になる
自己イメージ不一致	・周りの人がもっている普段の私の印象から考えると、思いがけないことだろう ・そのような私は、自分らしくないと思う
相互作用混乱	・他者に対してどのように行動すべきか、混乱してしまう ・周りの人に対してどのように振る舞ったらよいかわからない
自尊心低減	・自分はだめな人間だと感じる ・自分自身のことをみじめだと思う

であることに注目し、それぞれの発生因がどの程度生じているのかを測定する尺度を開発している（表1、詳細は樋口、二〇〇四）。

「気まずさ」の応用研究

ここでは、「気まずさ」を応用した研究について簡単に述べていく。それを通じて、気まずさと上手に付き合うコツのようなものを探っていこう。

「気まずさ」は悪いものじゃない!?――気まずさの肯定的側面

気まずくなったり、恥ずかしくなったりすることが頻繁にあり、それに嫌気がさしている人も多いだろう。〝私、恥ずかしがり屋なんです〟という言葉もよく聞くものである。しかし、気まずさについて、〝これは私にとって必要なものなんだ！〟と考えることができたらどうだろうか。実は、気まずさは一概に悪者だと考える必要もないのである。

気まずさに関して菅原（一九九八）は、人間の進化・適応という視点から興味深い考察をしている。菅原（一九九八）によると、気まずさの不快さこそが、社会の中で生きる人間にとって非常に重要なポイントだというのである。すなわち、自分自身の行動が不格好でぎこちないと感じるとき、その行動は社会の中でも受け入れられないものであることが多い。そこで、そういった不格好な行動を起こさないために、気まずさというういわば警告装置が働き、自分の行動が社会的に受け入れられるものになるよう修正される、というのである。この考え方は、不快なものだとされてきた（すなわちなくしていくべきだと考えられてきた）気まずさがもつ肯定的な意味合いに気付かせてくれる。

近年、気まずさと道徳的行動との関連が注目されているが、菅原ら（二〇〇六）は、公共場面における迷惑行為と気まずさとの関連を検討している。その結果、気まずさを感じる人ほど、〝電車の床に座る〟〝電車の中で飲食する〟といった迷惑行動をとらないことが明らかになった。すなわち、気まずさというシグナルによって、電車の中といった公共空間で床に座ったり飲食じたりするという社会的に受け入れられない行動が抑制され、結果として気まずさをより感じる人は、社会の中で受け入れられる振る舞いをすることになるのである。

こういった主張や研究結果から、気まずさは必ずしもなくしていかなければならないものではなく、私たち人間が社会の中で上手に暮らしていくための手助けをしてくれる存在だということが言えるだろう。

それでも「気まずさ」をなくさなければならないとき——気まずさの否定的側面

それでもやはり、どうしても「気まずさ」をなくさなければならないときもある。たとえば気まずかったり恥ずかしかったりするせいで女性が婦人科検診に行けないのは、健康上の問題を引き起こすかもしれない。また、近年注目されているのが、ＨＩＶ予防行動としてのコンドーム使用が、〝気まずい〟〝恥ずかしい〟といった理由で阻害されているという問題である（Helweg-Larsen & Collins, 1994）。

樋口（二〇〇六）はコンドームの購入に注目して、そこでの気まずさの原因を調査研究によって探っている。その結果、コンドームを買う際には特に〝どう振る舞ったらよいかわからない〟から気まずく感じている、ということが示されている。

そこで樋口・中村（二〇〇八）は、コンドームを買う際に感じる気まずさを低減させるために、あるトレーニングを実施した。このトレーニングはいくつかの段階に分けられていたのだが、特に、コンドームを堂々と購入する人はまったく変ではなく、堂々と振る舞ってしまえばよい、という行動指針を身につけさせることを目的としていた。

各段階でのトレーニング終了時および全トレーニング終了一カ月後の結果を図１（次頁）に示した。図に示されているように、トレーニングを重ねるごとに、トレーニング受講者の気まずさは低減し、コンドームを買おうという行動意図は高まっていっている。

この研究の結果から浮かび上がってくることは、大きく二つある。一つめは、気まずくなるのを気にして〝自分は変なんじゃないかな？〟と思えば思うほど逆に気まずくなってしまい、堂々と振る舞ってしまえば気まずくない、ということである。また二つめは〝慣れてしまえば気まずくない〟という単純なことである。この二点は、コンドームの購入といった状況に限定されないと考えられる。たとえば〝親戚がデートをしている〟状況をあなたが見かけたと考えてほしい。その親戚が堂々と振る舞っていたらあなたはどう思うだろうか。おそらく特に何も思わないだろう。別にそれは気まずいことでも何でもないはずである。さらに恋人とのデートを何度も何度も親戚に見られたらどうだろうか。きっと慣れてきてどうとも思わなくなるのではないか。

気まずさと上手に付き合おう——気まずくならないための処方箋

私たちは気まずさという感情を恐れすぎているように思う。事実、気まずさは、生死にかかわる重要な役割をもつが、通常は私たちにとって〝味方〟になる感情である。また、気まずく思う人は、しばしば自分の行動を必要以上に〝変だ〟〝不格好だ〟と思いがちなのかもしれない。しかし実はその行動は、はたから見ればそれほどおかしくなく、自分が思っているほどは気まずくならな

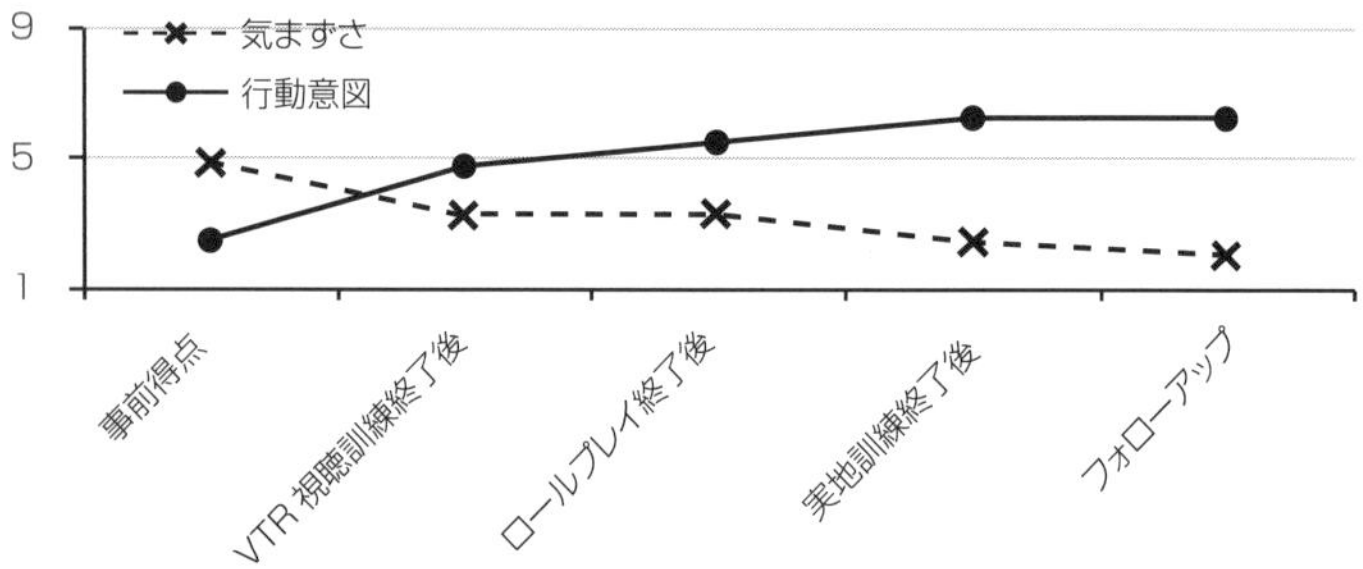

図1　コンドーム購入時の気まずさ低減トレーニングの結果

（樋口・中村，2008）

注）得点が高いほど、気まずさや行動意図が強いことを意味する。

くてよい場合が多いのである。気まずさと上手に付き合っていくことは、人間関係を円滑に進める一つのカギになるだろう。

屈辱感

つまり、連続殺人犯は自分に屈辱感を与えた相手を憎んでいるために、その相手と似た特徴をもつ人間（たとえば、髪の色や髪型が似ている、など）を、憎んでいる相手と同一視してしまうことで殺人を犯す。しかし、殺した人間は、自分に屈辱感を与えた人間ではないので、特徴が似ている人間に再び会うと殺人を繰り返す、という。ギルバートとヘイルの知見から、屈辱感が復讐願望を高め、攻撃性を非常に促進させる感情であることがうかがえる。

屈辱感に関する実証研究は数少ないが、薊（2006）が屈辱感の不適応的特徴や機能について、罪悪感と比較しながら検討を行っている。この研究では、他者に迷惑をかけた場面を提示して、その状況での屈辱感と罪悪感の特徴を明らかにしている。その結果、罪悪感が迷惑をかけた相手に配慮を示し、謝罪などを行いやすいという特徴をもっていたのとは対照的に、屈辱感を感じると、迷惑をかけた相手にその原因を求めやすく、怒りが生じやすい、さらに、こうした状況からの逃避への願望も高いと示された。つまり、屈辱感は相手に迷惑をかけているにもかかわらず、相手との関係を修復しようとせず、むしろ相手との関係性を悪化させる。屈辱感は対人関係において不適応的に働く感情であると示唆された。

以上の知見から、屈辱感は個人の精神的苦痛だけでなく、われわれの日常生活における人間関係、さらには現代の社会問題の見地からも、人々の社会生活を混乱に陥れる極めて重大で強力な感情だと考えられる。（薊　理津子）

イザナギとイザナミは夫婦神であったが、イザナミは子どもを生み落とした際に亡くなってしまう。妻の死をひどく悲しんだイザナギは、イザナミに会うために、黄泉の国へ向かった。そこで、イザナギはイザナミと再会を果たすのだが、イザナミは「戻れるかどうか黄泉の国の神様に相談するので、その間に私の姿を見ないでください」と言う。しかし、待ちきれなくなったイザナギはイザナミの姿を見てしまった。そこには、身体からウジがわき、雷神をまとわせたイザナミの姿があった。怖くなったイザナギはその場から逃げ出したが、「よくも私に“恥をかかせましたね”」とイザナミは怒り狂い、黄泉の国の化け物を使い、イザナギを追いかけた。

これは日本神話の中の有名な一つの話である。この話において、愛する夫であるイザナギに対し、強い怒りを露わにして追いかけたイザナミを突き動かしたものは何だろうか。「よくも私に“恥をかかせましたね”」というセリフで示すとおり、“恥をかかされた”、つまり“屈辱感”がイザナミの行動を強く動機づけていることがうかがえるだろう。では、この“屈辱感”とはどのような感情なのだろうか。

屈辱感の臨床上の問題についてギルバート（Gilbert, 1998）は次のように指摘している。それによると、屈辱感に基づく問題は、他者によって自分が傷つけられたという焦点化にあり、また、屈辱感を感じた人間は憎しみの感情が生じやすく、自分を傷つけた他者への報復を望み、攻撃的になりやすい、という。また、屈辱感は社会問題においても言及されている。ヘイル（Hale, 1994）は連続殺人犯の心理に屈辱感が重大な影響を及ぼしていると論じている。

第5章

Key Word
自我漏洩感
嫌われ感（忌避感）
対人恐怖

なぜ人は嫌われていると感じるのか？

佐々木淳《ささき じゅん》

嫌われたと感じるとき

向こうからあまりよく知らないクラスメートがやってきます。あなたが毎回授業に出ているのを知って、来月の定期試験の範囲について聞きに来たのです。相手は事務的なことを聞きに来ただけなのに、あなたは少し緊張してしまいます。あまり人付き合いがうまくないほうだとは自覚しているのですが、無愛想にするのも感じが悪いように思えます。そこで、あなたなりにがんばってテンションをあげて楽しい雰囲気をつくろうとするのですが、どうしても話がかみ合わないように感じてしまいます。あなたは気まずさと緊張でいっぱいです。少し顔を引きつらして無理に笑いながら、はやく帰ってくれないかなあ、と思いつつ話していると、そんな様子に気づいたのか、相手が話を切りあげるように、ありがとう、じゃあね、といって立ち去ってしまいました。

テスト範囲についての話は終わっていたので、話を切りあげて帰ってしまうのは別におかしいことではないのですが、あなたは相手に嫌われてしまったように感じてしまいました。そして、あそこでもっと楽しそうに振る舞えばこんなことにはならなかったのかもしれない、と後悔で頭がいっぱいになりました。

「嫌われていると感じる」ことと「嫌われている」ことの相違

このように、われわれはちょっとしたきっかけで「嫌われている」と感じる。なぜ人は他者に嫌われている、と感じるのであろうか。

この問題を論じる前に、実際に「嫌われている」ということと、単に「嫌われていると感じる」ということがまったく異なることに注意しておく必要がある（次頁、図1）。

冒頭の例では、相手が話を切りあげたかのように帰ってしまう出来事がきっかけとなり、あなたは「嫌われた」と感じているが、実は他の友だちとの約束の時間が近づいていることを思い出し、話を切りあげたのかもしれない。この場合、実際には相手には嫌われていないのに、嫌われたと勝手に感じているということになる。つまり、「嫌われたという感じ（以下「嫌われ感」）」が生じるか否かは、あなた自身が状況をどのように解釈したかによるといえる。おそらく、冒頭の例のように、嫌われることに対する不安が強いと、ちょっとしたきっかけで「嫌われ感」を抱くことが多くなるだろう。しかし同時に、あなたの推測通りに、あなたが帰ってほしそうにしている様子を察知してプライドを傷つけられて話を切りあげた可能性もある。どちらにしても、あなたが本当に相手に嫌われたかどうかを確かめることはかなりむずかしい。

嫌いな他者の側面

他者に嫌われそうな側面を自分がもっていると感じるとき、嫌われ感を抱くと推測できる。斉藤（二〇〇三）は、現在あるいは過去において、嫌いだと感じた同性の他者について、大学生にインタビュー調査を試みている。この研究によると、①自分と考え方や意見、外見が異なる他者、②自分より優れている他者、周りからの評判がよい他者、③自分を見下しているような他者、④周りの人に気を遣わない他者、⑤思ったことをはっきり言う他

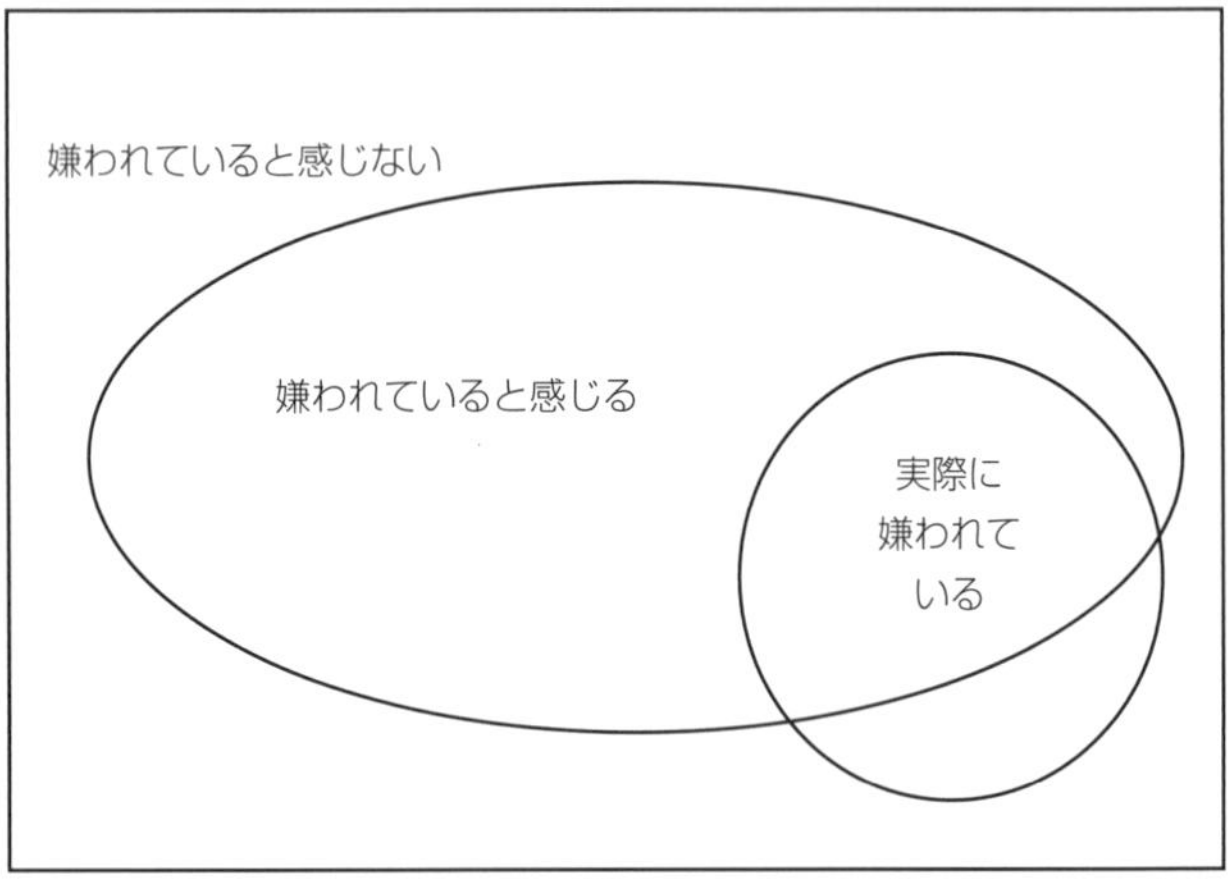

図1　「嫌われている」ことと「嫌われていると感じる」ことの包含関係

者、⑥自分と似たようなところをもっている他者、⑦顔や体型が嫌いな他者、⑧口調が気になる他者、などに対して、人は嫌悪感情を抱くようである。もし、この八つのうちのいずれかの側面を自分がもっているとしたら、どう感じるだろうか。たちまち、「自分は他者に嫌われそうだ」と感じるのではないだろうか。

他者に「嫌われている」と感じる」側面

対人恐怖症の一部にも「嫌われ感」が存在するとされてきた。対人恐怖症の人は、自分が相手を不快にしていると感じ（加害感）、その結果相手に嫌われてしまうと感じる（忌避感）。佐々木・丹野（Sasaki & Tanno, 2006）は、対人恐怖症にみられる加害感と忌避感の実態調査を行っている。この研究では、大磯ら（一九七二）を基に、対人恐怖症と関連の深い身体的側面に加え、性格や態度など相手を不快にしてしまう原因となる自己の側面を十四項目にまとめた。そして、大学生二百二十名（男性百七十一名、女性四十九名）を対象に、その側面によって相手に与える不快感（加害感）、また、その側面によって抱く嫌われ感（忌避感）について、1・まったくない〜5・いつもある、の5件法で回答させた（次頁、表1）。

その結果、加害感については、⑴嫌な表情（七五・〇％）、⑷目つき（五五・五％）、⑹ぎくしゃくした動作・ふるまい（五一・八％）、⑺話し方（六〇・五％）、⑾性格（七七・七％）、⑿顔

表1　加害感・忌避感の体験率と相関係数（Sasaki & Tanno, 2006）

	加害感			忌避感			加害感と忌避感の相関係数
	平均	標準偏差	%	平均	標準偏差	%	
1．自分の嫌な表情	2.28	(1.06)	75.0	1.79	(0.93)	53.2	0.61***
2．自分の体臭・口臭・髪の毛の臭い	1.73	(0.93)	47.3	1.38	(0.75)	26.4	0.55***
3．相手をジーっと見ること	1.79	(1.02)	48.2	1.49	(0.82)	33.2	0.59***
4．自分の目つき	1.96	(1.06)	55.5	1.64	(0.94)	41.4	0.75***
5．自分の話し声や声質	1.74	(1.01)	43.2	1.47	(0.79)	33.2	0.76***
6．自分のぎくしゃくした動作・ふるまい	1.86	(1.03)	51.8	1.55	(0.88)	35.9	0.78***
7．自分の話し方	2.02	(1.07)	60.5	1.71	(0.97)	45.5	0.78***
8．緊張したときの手のふるえ	1.32	(0.76)	20.0	1.20	(0.64)	11.8	0.70***
9．自分の体型	1.50	(0.93)	28.6	1.34	(0.76)	21.4	0.79***
10．緊張や失敗による赤面	1.51	(0.91)	31.8	1.30	(0.68)	21.8	0.77***
11．自分の性格	2.51	(1.15)	77.7	2.19	(1.14)	65.9	0.81***
12．自分の顔つき	1.90	(1.08)	51.8	1.69	(0.96)	43.6	0.84***
13．自分の態度	2.48	(1.09)	79.1	2.20	(1.18)	64.6	0.80***
14．緊張や失敗による発汗	1.41	(0.81)	26.4	1.23	(0.66)	15.0	0.75***

***$p < 0.001$

つき（五一・八％）、⒀態度（七九・一％）など、七つの側面に関して、相手を不快にしていると感じている大学生は半数を超えることが明らかになった。一方、忌避感は、⑴嫌な表情（五三・二％）、⑾性格（六五・九％）、⒀態度（六四・六％）の三項目について、この側面によって自分が他者に嫌われていると感じている大学生が半数を超えた。

また、加害感と忌避感の相関係数は非常に強く、r＝0.55～0.84であることがわかった。相関係数とは二つの変数の関係性の強さを示し、1に近づくほど関係性が強いとされている。上記の相関係数は非常に強い関係性を示していた。つまり、嫌われ感は、相手を不快な気持ちにさせている、という感じと関連が深いようなのである。

自我漏洩感の体験状況

ここで、「嫌われ感」に特に関連が深い自我漏洩感をとりあげ、そのメカニズムに迫ってみたい。藤縄（一九七二）は、臨床的観察から、①自己から他者へ何かが漏れ出てゆく、と感じる主観的な体験を抽出し、概念化した。この主観的な体験のことを自我漏洩感と呼ぶ。そして、②自己から他者に漏れ出るものが傍らにいる他者に不快を与え（加害感）、③その結果、他者にさげすまれ忌避される（忌避感）、と感じるという特徴をあわせもっている（次頁、図2）。ここでいう「漏れ出てゆく」ものとは、「自分の考えていること（思考）」や「自分が感じていること（感情）」である。佐々木・丹野（二〇〇三）は、自我漏洩感を「何も言わないのに自分の内面的な情報が伝わると感じ、ネガティブな結果が予期される体験」と定義している。

先述の対人恐怖症と特徴を共有していることからわかるように、自我漏洩感は対人恐怖症の一種である。そして、③の忌避感を伴うため、「嫌われ感」と無縁ではないだろう。

それでは、どのようなきっかけで自我漏洩感が生じるのであろうか。自我漏洩感の生じる状況を収集・整理した佐々木・丹野（二〇〇三）の結果をもとに、五つの主要な状況で生じる自我漏洩感の測定尺度が作成されている（佐々木・丹野、二〇〇四）。

一つめの「苦手な相手」状況で生じる自我漏洩感は、嫌いな人やあまり親しくない人と話すとき、知らず知らずのうちに苦手意識が自分の目つきや表情に出てしまい、相手にそれがわかってしまったかなと感じる体験である。二つめの「赤面・動揺」状況で生じる自我漏洩感は、友だちに

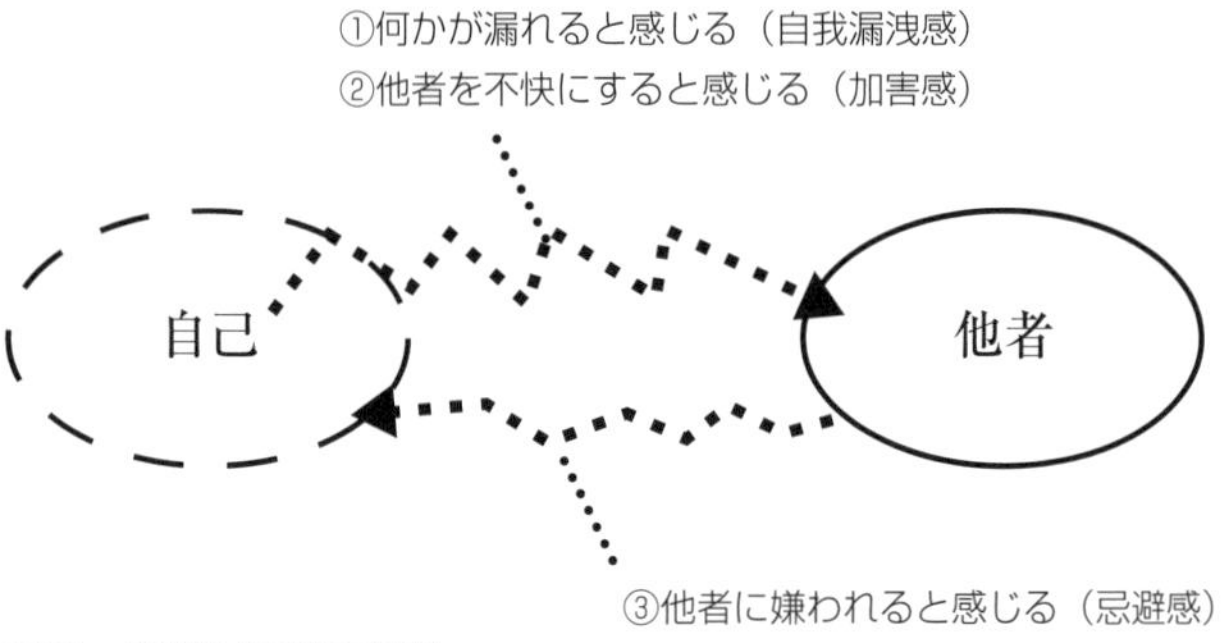

図２　自我漏洩感の特徴

からかわれて顔が赤くなったとき、動揺していることや平静を装おうとしていることがばれてしまっているように感じる体験である。三つめの「不潔」状況で生じる自我漏洩感は、体臭が臭いと気づかれることで自分が風呂にも入らない不潔な人間だと思われるのではないかと感じる体験である。四つめの「親しい人にお見通し」状況で生じる自我漏洩感は、特に何も言わなくてもどんな行動をしていたのか母親にばれているとき、何でわかるのだろうか、と不思議に思う体験である。最後の「賞賛される」状況で生じる自我漏洩感は、他の人の前で先生に課題の出来を誉められているとき、他の人が自分の得意な気持ちを見透かしているかのような気がする体験である。それぞれの自我漏洩感が他者配慮的な心理によって生じていることが見て取れるだろう。

自我漏洩感と「嫌われ感」

ついで、佐々木・丹野（二〇〇四）は、自我漏洩感の特徴を記述している（次頁、表2）。その結果、疎外観念（嫌われ感に相当）と自我漏洩感との関連が強いことが確認された。自我漏洩感は加害観念や自己関連付け（他者のちょっとした言動を自分に結びつける傾向）との関係が強く、二つの対人不安（相互作用不安＝人と交流する際に生じる対人不安。聴衆不安＝人に見られながら何かをする際に生じる対人不安）との相関よりやや強い関連を示していた。ここで用いた加害観念と疎外観念は、妄想的観念の一つである（丹野ら、二〇〇〇）。このことは、自我漏洩感が普通の対人不安とは特徴が異なり、妄想的な特徴をもっていることを表していると考えられる。また、拒否回避欲求（他者に嫌われたくないという欲求）との相関も高いことを考え合わせると、自我漏洩感は、妄想的色彩を若干帯びた対人配慮的特徴をもっているといえる。

自我漏洩感を苦痛にする要因

自我漏洩感は、対人的接触で生じる自然な体験である（佐々木・丹野、二〇〇五ａ）。しかし、このような体験が苦痛を引き起こすのはどのような場合であろうか。佐々木・丹野（二〇〇五ｂ）は、大学生百八十名に対する質問紙調査を行い、苦痛を生じさせる可能性のある心理的要因と苦痛度の関係を重回帰分析によって検討している。その結果、自我漏洩感を感じたとき、自分には人を不快にするようなところがあると思っている人（加害意識）、人に嫌われたくないと思っている人（拒否回避欲求）、相手が気

表２　相関係数にみる自我漏洩感の特徴（佐々木・丹野，2004）

自我漏洩感	加害観念	疎外観念	相互作用不安	聴衆不安	自己関連付け	拒否回避欲求	賞賛獲得欲求
「苦手な相手」	.43***	.45***	.28***	.28***	.33***	.26***	.08
「赤面・動揺」	.50***	.55***	.30***	.29***	.47***	.34***	.15*
「不潔」	.51***	.48***	.22**	.18**	.40***	.30***	.19**
「お見通し」	.46***	.43***	.14*	.17*	.35***	.28***	.19**
「賞賛」	.45***	.41***	.19**	.09	.35***	.25***	.28***

***$p<.001$，**$p<.01$，*$p<.05$.

持ちを探るような目で見ていると思っている人（猜疑心）、自分の気持ちは内緒にしておきたいと思っている人（秘密主義）ほど苦痛が高まることが明らかになった（図3）。

ここで測定した苦痛は、人に自分の気持ちが伝わった、と感じることによって引き起こされた苦痛である。しかしながら、先述のように、自我漏洩感を感じることで嫌われ感が生じるため、ここで取り上げた心理的要因は、嫌われ感とも関係が強いことが想像できる。直接的にこの点を検討する研究が待たれる。

嫌われていると感じやすい人

ここまで、自我漏洩感や嫌われ感のネガティブな側面について紹介してきたといえるかもしれない。しかし、この「嫌われ感」はネガティブな側面ばかりではなく、社会生活を円滑にしうるポジティブな機能も内包しているのではないだろうか。

ちょっとしたきっかけによって、「自分は嫌われているのではないか」と疑うことは、確かにわずらわしい悩みであり、精

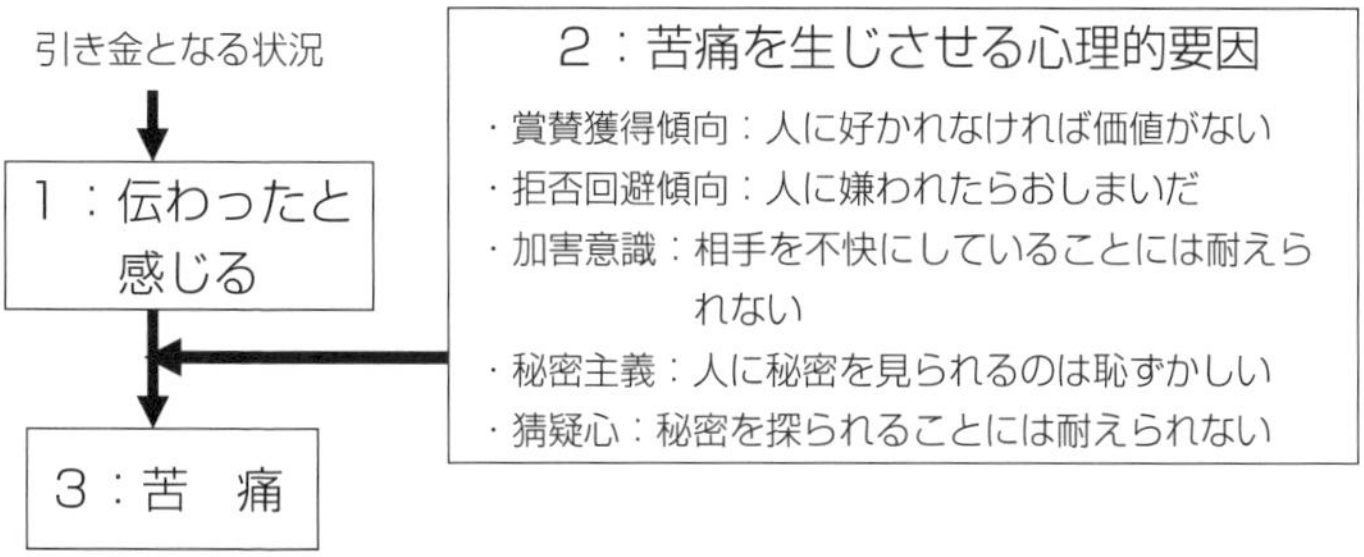
引き金となる状況
1：伝わったと感じる
2：苦痛を生じさせる心理的要因
・賞賛獲得傾向：人に好かれなければ価値がない
・拒否回避傾向：人に嫌われたらおしまいだ
・加害意識：相手を不快にしていることには耐えられない
・秘密主義：人に秘密を見られるのは恥ずかしい
・猜疑心：秘密を探られることには耐えられない
3：苦　痛

図3　自我漏洩感を苦痛にする心理的要因

神的な疲労を引き起こす。しかし、そう疑うことによって、普段から行っている自己の行為のモニタリングに対する動機づけがさらに強まり、自己の行為が不適切と判断された場合は、その修正に駆り立てられることであろう。この心理的なプロセスは、仲間関係はもとより、より大きな社会的集団から拒絶される可能性をできる限り減らすことに寄与していると考えられる。バウマイスターとリアリー（Baumeister & Leary, 1995）が、人間には集団に所属しようとする生得的な欲求があると述べているように、われわれは社会に所属することによって、生きていくための協力や資源を得ている。嫌われるかどうか、という点は、究極的には個人の死活問題につながりうるだろう。そのため、集団からの拒絶をできるだけ避けたいと思うがあまり、他の人から考えすぎと言われたり、非現実的な可能性まで頭の中で検討しようとする、いわば、若干妄想的になることもありうる。この特徴が、先述の自我漏洩感と妄想的観念との関係に表れていると考えることもできる。

嫌われ感を抱くことによって嫌われそうな行動を修正できるとき、また、そもそも嫌われ感を抱かなくてすむような行動を心がけるとき、すなわち、嫌われ感を対人行動修正のきっかけに利用するとき、嫌われ感は適応的であるといえる。

嫌われていると感じる心の対処法

先述のように、「嫌われている」ということと「嫌われていると感じる」ことは似ているようでまったく違うことである。そして、本当に相手から嫌われているのかどうかを確かめるのはかなりむずかしい。直接相手にきいたとしても、本当に嫌いな人には嫌いだとさえ言わないだろう。また、嫌いだということを相手からあいまいにでも伝えられてしまうと、話を聞いていたまったく別の人からも、その人に直接嫌われるようなことをしていないにもかかわらず、嫌われてしまう恐れさえ出てくる。相手が優しい人なら、傷つけないようにと自分に気を遣ってくれる場合もある。

そういった意味から、他者に過度に働きかける方向ではなく、自分の行動や考え方を変える形で対処するのが現実的であると考えられる。例えば以下のような対処法が考えられる（表3）。

①相手に対して申し訳ない気持ちが強い場合、もし状況が許すのなら、なるべく早く礼儀正しく一言謝ってしまってもよいだろう。あなたの勘違いだったとしても、謝ることであなたの他者配慮的な人柄が伝わる場合もある。

表3　「嫌われ感」への対処法

①なるべく早く礼儀正しく一言謝ってしまう。
②一時的に、嫌われたと感じた相手から物理的に距離を置く。
③嫌われた原因探しを過度にしない。
④嫌われた際の実質的な不利益を客観的に確認する。

ただ、しつこく謝るのは逆効果である。

②一時的に、嫌われたと感じた相手から物理的に距離を置く。時間が解決してくれるのを待つ。

③嫌われた原因探しを過度にしない。どんどん想像が膨らんで、さらに辛くなる恐れがある。上限時間をあらかじめ決めて、その間だけじっくり反省するやり方もある。

④嫌われた際の実質的な不利益を客観的に確認する。それほど大きな損害にならないのならば、時間が解決してくれるのを待つ。ただ、関係回復のためにあれこれ働きかけることは、相手の気持ちを無理やりコントロールしようとしているとみられるため逆効果になる場合もある。

円滑な人間関係をつくろうという欲求と嫌われ感は表裏一体の現象である。人間関係のシグナルともいえるこの嫌われ感とうまく付き合うことが、人間関係を営む上で重要といえるのではないだろうか。

を設定した実験が行われた。
実験参加者は，面接の前に、
面接とは無関係な実験協力者の依頼でテストを受けることになり、“柔軟的思考力”という能力（架空の能力）が低いという情報が与えられた。直後に行われた面接で、面接者から、“柔軟的思考力”と類似する能力（独創性）が採用条件であると伝えられた。つまり、実験参加者は“柔軟的思考”が低いことを面接者に隠さなければならない状況に置かれた。また、半分の実験参加者には、自分の振る舞いに特に注意するように伝えられた。そして、面接者から面接の途中で独創性を発揮するよう求められ、“柔軟的思考力”が低いことへの懸念的被透視感が喚起された。その後の実験参加者の反応を調べた結果、振る舞いに特に注意するように伝えられていた実験参加者は、沈黙、言い直し、しかめた表情など、焦りを反映する反応を多く表出したことが示された。さらに、これらの反応を多くすると、面接の様子を録画した映像を見た人に、落ち着きがなく、能力が低いという印象を与えてしまうことも明らかにされた。この結果から、気づかれたくない事柄を無理に隠そうとすることが負荷となり、かえって相手に不自然な印象を与えてしまうことにつながる可能性が考えられる。

A 君の例に限らず、他者とのやりとりの中で懸念的被透視感を感じた経験は、ほとんどの人にあるだろう。したがって、懸念的被透視感による反応やその反応が与える印象に焦点を当てた研究を進めることで、日常の対人コミュニケーションがどのように進行しているのかについて理解を深めることができると期待される。

（太幡直也）

前の日、夜遅くまで遊んでいて、大事な授業のレポートができなかったＡ君。授業後、レポートを回収する先生に、「体調が悪くて、レポートが書けませんでした」とビクビクしながら言いに行く。「わかりました」と言う先生の表情が、何となくいつもよりきつい気がする。それを見て、「ヤバい！　本当は体調が悪いのはウソだって、先生に見透かされている気がする!!」と感じ、動揺するＡ君……。

Ａ君が感じている、“やりとりの中で、気づかれたくない事柄を相手に気づかれてしまったように感じる”という感覚は、“懸念的被透視感”である（太幡，2008）。このような、伝えていない事柄が相手に伝わっているという感覚に近年、注目が集まっている（太幡，2006）。これまでの研究では、隠し事などは、自分が思ったほどは相手には伝わっていないことが明らかになっており、“透明性の錯覚”（illusion of transparency; Gilovich, Savitsky & Medvec, 1998）と呼ばれている。

透明性の錯覚という現象から考えれば、Ａ君が懸念的被透視感を感じたときに、先生はＡ君のウソに気づいていない可能性が高いといえるだろう。しかし、懸念的被透視感を感じたＡ君が焦りを示してしまえば、先生に不自然な印象を与えてしまう可能性がある。そして、先生に追及され、ウソをついていたことがばれてしまうかもしれない。太幡（2008）は懸念的被透視感による反応を検討し、このような事態が起こる可能性を示している。この研究では、気づかれたくないことを無理に隠そうとすると負荷になるため、懸念的被透視感によって、焦りを反映する反応を抑制できずに多く表出してしまうと予測された。そして、アルバイトの面接場面

なぜ人は嫉妬するのか？

第6章

Key Word
嫉妬
妬み
SEMモデル

澤田匡人
さわだ まさと

ケース①　あなたには、前々から片思いをしている異性（Aさん）がいる。最近、メールや電話でのやりとりも増えてきて、二人の距離も徐々に縮まってきたように感じていた。そんな矢先、Aさんはあなたの親友のことが好きらしい、という話を耳にしてしまった。さて、あなたはどう思うだろうか。Aさんの気持ちが親友に向いていることに焦りや不安を感じてしまうかもしれない。また、これがきっかけとなって、Aさんや親友と気まずい雰囲気になるだろうことも容易に想像がつく。

ケース②　いつも仲良しのあなたと友人。成績も似たり寄ったりである二人は、志望大学までもが一緒だった。ある日、そろって模擬試験を受けてみたところ、あなたがC判定だったのに対し、友人はA判定だった。こんなとき、あなたはどんな気持ちになるだろうか。「A判定すごいね、よかったね！」とほめるかもしれない。しかし、心の中は決して穏やかではないはずだ。「同じくらいの成績のはずなのに、なぜ友人のほうができたのか……」と、どんなに親しかったとしても、ふつふつと湧いてくるネガティブな感情を抑えられないに違いない。

私たちは、他者と比べることによる不快感を経験したとき、しばしば「嫉妬する」とか「妬ましい」という表現を使う。両者は一見すると同じ感情のように思われるかもしれない。しかし、ケース①は「嫉妬」、ケース②は「妬み」についての典型例なのだ。本章では、嫉妬と妬みの共通点と相違点をはっきりさせながら、そのメカニズムと対処法について解説していく。

嫉妬とは何か

「嫉妬する」とはいったいどういう状態を示す言葉なのだろう。試しに広辞苑（新村、二〇〇八）を引いてみると、嫉妬には二つの意味があることがわかる。一つは「自分の愛する者の愛情が他に向くのをうらみ憎むこと」。ケース①のような状況での嫉妬がこれに当たる。もう一つの意味は「自分よりすぐれた者をねたみそねむこと」。ケース②の場合がそうだろう。どうやら、失恋に近い状況になっても優れた人を見ても、私たちは同じように「嫉妬する」らしい。しかし、これら二つの状況がまったく同じとも思えない。特に、ケース②の場合は、嫉妬というよりは、むしろ「妬む」という表現のほうがしっくりくるかもしれない。となると「嫉妬」とは何なのだろうか。

嫉妬にあたる表現は、世界の多くの言語に共通して存在する。たとえば、英語には、jealousy と envy という言葉がある。これらは、もともとその成り立ちからして異なるようで、jealousy は「熱狂的な」というギリシア語から派生したのに対し、envy は「悪意の目で見る」というラテン語がその起源であると考えられている。

とはいえ、欧米でも、"jealousy" という表現が用いられることが多いようだ（Smith, Kim & Parrott, 1988）。妬み（envy）よりも嫉妬（jealousy）のほうがいろいろな場合に用いられているのは、どうやら日本に限ったことではないらしい。

そんな曖昧な嫉妬だが、ハイダー（Heider, 1958）のPOXトライアッドを用いて整理してみると格段にわかりやすくなる（図1）。

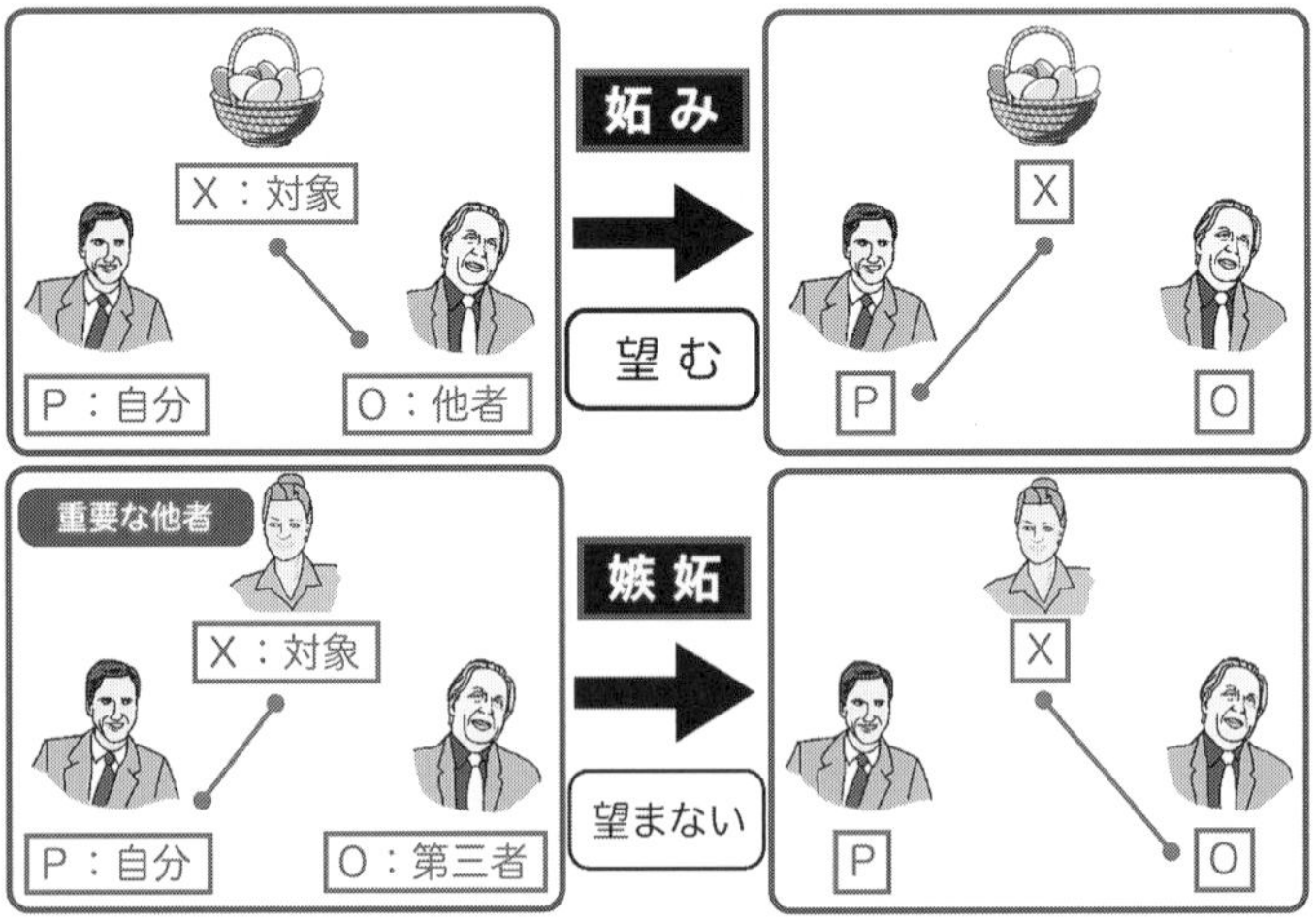

図1　POX トライアッドを用いた嫉妬と妬みの喚起状況

まず、自分が欲しがっている対象（X）をめぐって、自分（P）と他者（O）がいるという状況を想定してみよう。ここでは、自分がもっていない対象を他者だけがもっているため、自分は他者がもっているXをもちたいと望む。これが妬みである。一方、嫉妬では、最初から自分は望ましい対象を所有している。この場合の対象とは、自分にとって重要な人物を指すことが多いだろう。たとえば、恋人や母親がどれだけ自分に注意を注いでくれているかが問題なのだ。そんなときに、どこの馬の骨ともわからない第三者が出現し、重要な人物との既存の関係が脅かされて不安になってしまう。これが嫉妬というわけである。

なるほど、理屈の上では嫉妬と妬みは別物かもしれない。しかし、実際にはどのような感情として理解されているのだろうか。パロットとスミス（Parrott & Smith, 1993）は、今までに自分が経験した嫉妬と妬みのエピソードを詳細に書いてもらうことでそれを調べた。書かれた内容を分析したところ、嫉妬の説明の中には、妬みともとれる内容が五八・九％も含まれていた。ＰＯＸトライアッドでも触れたように、嫉妬では、好きな人の注意が自分に向いていないことが意識されている必要がある。しかし、好きな人から注意を向けられている時点で、ライバルは自分よりも優れていることにもなる。そのため、こうした状況では、ライバルと比較することによって生じる「妬み」も禁じ得ないに違いない。一方、妬みの説明で、関係が脅かされていることについて触れられていたものは、わずか一〇・五％に過ぎなかった。つまり、妬みの説明の中に、嫉妬に該当するような内容はほとんど含まれていなかったことになる。

また、嫉妬と妬みは、その特徴からして異なる感情であるともみなされているようだ。スミスら（Smith, Kim & Parrott, 1988）は、嫉妬と妬みの両方を強く経験したときのことを思い出してもらった後に、それぞれの感情にピッタリ合う言葉を評定させるという実験を行った。その結果、嫉妬には、疑い、拒絶、敵意、怒りなどが、妬みには、願望、切望、劣等感などが当てはまると考えられていることがわかった。

嫉妬はもっている何かを失いそうなときに生じるのに対し、妬みは何かをもっていないときに生じるという点で異なる。しかも、その内容についても異なった感情として理解されているようだ。にもかかわらず、嫉妬も妬みも同じく「嫉妬する」の一言で表現できてしまうのはなぜだろうか。それは、嫉妬には妬みが少なからず含まれるものの、妬みには嫉妬が含まれるということがありえないことを、私たちが体験的な事実として熟知しているからに違いない。

嫉妬のメカニズム

これまで述べてきたように、嫉妬と妬みは似て非なるものである。しかし、嫉妬も妬みも、他者との比較によって生じるという点では共通した感情であることも間違いない。

他者と自分を比べることを社会的比較（social comparison）と呼ぶ（Festinger, 1954）。社会的比較が提唱された当初は、正確な自己評価を得たいがために他者と比べるのだと考えられていた。しかし、人間はポジティブな自己評価を維持・獲得しようと動機づけられており、そのために社会的比較を行うのだと考えられるようになった。こうした社会的比較理論の一つに、自己評価維持モデル（self evaluation maintenance model：SEMモデル）がある（Tesser, Campbell & Smith, 1984）。このモデルでは、「比較過程」と「反映過程」という二つの過程が想定されている。

「比較過程」とは、自分が関心を抱いている内容（領域）について、他者と比べることである。このときに、他者が優れていると、自己評価は引き下げられてしまう。一方、「反映過程」とは、あまり関心のない領域についての比較であり、他者が優れていれば、自己評価は高まる。たとえば、自分が得意とする教科について、友人が自分より良い点数を取ったとしたら、友人を少なからず妬んでしまうに違いない。しかし、その教科が、自分にとって特に重要なものでなかったのなら、友人が何点取ろうと気にならないばかりか、むしろ出来の良い友人を誇りに思うかもしれない。SEMモデルにしたがうと、他者が優れている領域が、自分にとっても重要であることが、嫉妬や妬みを経験するか否かの一つの分かれ目ということになる。

澤田・新井（二〇〇二）は、小中学生を対象に、成績（テストの点数）、運動（走る速さ）、人気（友人の数）といったさまざまな領域に対する重要度が、自分よりも優れた友人に対する妬みにどのような影響を与えるかについて調べた。その結果、中学生になると、自分にとって重要だとみなされた領域で、妬みが経験されやすくなることがわかった。大人についても、領域の重要度が妬みを高めるという点については、同様の結果が得られている（Tesser & Collins, 1988；坪田、一九九一）。

また、SEMモデルの大前提として、人は自分と心理的距離の近い他者と比べる傾向にあるとされている。ならば、何らかの点で自分と類似した者に対して妬みを経験しやすいかもしれない。この点を明らかにするために、澤田（二〇〇六）は、友人が自分と同じくらいの能力だったか、もともと優れていたかという違いによって妬みが変化するかを調査した。すると、同等だった友人の出来が良くなると、より妬みやすくなることが示された。

さらに、SEMモデルによる予測は、妬みだけではなく嫉妬についても当てはまるようだ。デステノとサロヴェイ（DeSteno & Salovey, 1996）は、嫉妬を引き起こすライバルの特徴に注目した実験を行った。この実験では、まず、恋人が誰かと仲良くしている場面を想像してもらう。次に、その人物（ライバル）が、三つの領域（運動、知性、人気）のいずれかの点で優れていること（人気領域のライバルであれば、「かなりの有名人で、ひっきりなしにパーティーのお呼びがかかる」など）が示されてから、嫉妬をどれくらい感じたかを評定させるものだった。結果は、SEMモデルから予測されるとおりだった。たとえば、人気が重要だと考えている者は、人気のあるライバルが恋人と仲良くしていることを想像すると、嫉妬を経験しやすいことがわかった。つまり、自分にとって重要な領域で優れたライバルに対して、最も強く嫉妬が感じられるというわけだ。

私たちは、自分にとって大事なこととなると、嫉妬するほどに他者と比べてしまうらしい。しかも、その相手が自分と似ていようものなら、火に油を注ぐようなものだ。領域の重要性と他者の類似性の高さ。この二つの基準に少しでも当てはまる他者が存在する限り、嫉妬してしまうことそれ自体からは決して逃れられないのかもしれない。

嫉妬の発達

ところで、私たちはいつ頃から嫉妬するようになるのだろうか。ブリッジス（Bridges, 1930）の古典的な感情発達理論によれば、嫉妬や妬みは二歳から五歳までの間に怒りから分化してくるという。彼女は、十八カ月の乳幼児は、自分の母親が他の子どもに関心を払っている場面に出くわすと悲しんだり怒ったりすることを発見し、これが嫉妬であると述べている。もちろん、新生児には興奮しかなく、そこからあらゆる感情が分化していくという彼女の考え方は、もはや過去の遺物に過ぎない。しかし、嫉妬が発生するタイミングを一歳半としているのは興味深い。なぜなら、一歳半かそれ以前に嫉妬が経験されているとのデータが提供されているからである。

たとえば、マスシゥクとキーナップル（Masciuch & Kienapple, 1993）は、生後約五カ月から四歳半までの子どもを集めて、自分の母親から二分間だけ無視されるという状況を作って観察した。このとき、母親は、何かを用紙に記入したり雑誌を読むか、他の子どもに注意を向けることが求められた。無視されている間の子どもの表情を評定したところ、ちょうど一歳を過ぎた頃から、子どものネガティブな表情が急増するという結果が得られた。つまり、嫉妬が経験されるようになるのは、一歳を過ぎてからということになる。

また、この研究が発表されてから約十年後、ハートとキャリントン（Hart & Carrington, 2002）も類似した実験を行っている。しかし、彼らの研究は、マスシュクとキーナップル（1993）とは次の点で大きく異なっていた。それは、実験に参加した子どもの年齢が平均二十五週（生後約六カ月）と幼かったことと、母親が注意を向けるのは子どもを模した人形であったことである。観察の結果、母親が本を読んでいるときに比べて、人形に注意を向けているときのほうが、子どもは怒りや悲しみの表情を示すことがわかった。生後半年足らずの乳児でさえ、母親が単なる物ではなく人形のような社会的な対象に注意を払ったときには、嫉妬に近い感情を経験しているようである。

一方、妬みの発達についてはあまり研究が進んでいない。というのも、自分がもっていないものを欲しがる感情そのものを観察するのはほぼ不可能に近いからだ。ただし、まったく研究されていないというわけではない。たとえば、一歳から五歳までの乳幼児を観察したフランケルとシェリック（Frankel & Sherick, 1977）の研究がある。彼らは、妬みの表出形態が徐々に変化していくことを指摘している。二歳頃までは、相手の持ち物を無理やり奪い取るという攻撃的な行動が目立つのに対し、四歳を過ぎる頃には、奪い取らずとも要求や交渉という形で妬みを表すことができるようになるというのだ。また、六歳から十一歳までの子どもを対象とした研究（Bers &

Rodin, 1984）では、年齢が上がるにつれて、他者との比較が頻繁に行われるようになっていくと同時に、妬みを経験したとは報告しなくなっていくことがわかった。この理由として、加齢に伴って自分の感情経験と感情表出を一致させなくてもかまわないことが理解できるようになるため、妬みの表出をコントロールできるようになった結果ではないかと解釈されている。もっとも、妬みながらもそれを表さないというのは大人ではよくみられることであるから、妬みを隠すように発達していくというのは、まったく不思議なことではない。

いずれにせよ、嫉妬と妬みは、かなり幼いころから経験されているようである。確かに、幼児にとって養育者は重要な存在であるから、養育者との関係が強く意識されることの裏返しとして嫉妬が発生するというのは納得できる。また、自分がもっていないものを相手がもっているという所有意識が芽生えるとともに、妬みという感情も経験されるようになるのもうなずける。

嫉妬の対処法

当然のことながら、だれもが好きで嫉妬しているわけではないだろう。できれば、嫉妬や妬みを経験しないで済ませたいところであるが、そうは問屋が卸さない。なぜなら、ＳＥＭモデルで説明できるように、知り合いが重要な事柄で成功したのを知ったならば、私たちは多かれ少なかれ妬まずにはいられないからだ。そうなると、嫉妬を経験することそれ自体をコントロールすることは不可能であることは間違いない。では、私たちはどのようにしてこの厄介な感情と付き合っていけばよいのだろうか。

嫉妬の対処法を考える前に、その逆、つまり、嫉妬がうまくコントロールできていない場合について少しだけ触れておきたい。多くの研究者によって、嫉妬や妬みによって、いじめを代表とするさまざまな攻撃行動が生じると考えられている（Fromm, 1964；Silver & Sabini, 1978；土居・渡部、一九九五）。実際、パーカーら（Parker et al., 2005）は、十歳から十五歳までの子どもを対象とした調査を行い、友人関係で生じる嫉妬が、他者を無視するといった攻撃性を高めることを明らかにしている。また、澤田・新井（二〇〇二）も、小中学生の妬みが、相手を叩いたり悪口を言いふらすといった破壊的な行動をもたらすことを報告している。なお、こうした結果については、大人よりも子どもが素直だからこそ、このような攻撃に留まっているに過ぎないとも解釈できる。たとえば、大人の場合、激情犯罪と呼ばれるような収拾のつかない行動に繋がることも指摘されているからだ（Pines, 1992）。

このように、ときには犯罪とも結びつきかねない嫉妬だが、私たちはもう少し穏やかな嫉妬を経験しながら、それを軽減しようと何かしらの努力をしているはずである。そこで、嫉妬の対処法のヒントとなるかもしれない代表的な研究を紹介しておこう。サロヴェイとロディン（Salovey & Rodin, 1988）は、大学生を対象とした調査を通じて、嫉妬を減じるのに効果的な三つの対処（coping）を見出した。すなわち、できるだけ感情を表さないようにしながらも自分なりに努力する「自己信頼」、自分のポジティブな面に目を向ける「自己補強」、重要なものからあえて目を背ける「選択的無視」である。また、先に述べた澤田・新井（二〇〇二）の研究によって、積極的な努力や認知的な回避といった対処が、小中学生の頃から用いられていることもわかっている。私たちは、嫉妬したからといってもすぐに攻撃的に振る舞うわけではなく、さまざまな対処を選択することで、嫉妬や妬みという名の苦痛を凌いでいるようだ。

パインズ（Pines, 1992）は、恋愛関係で生じる嫉妬を対処していくために、とにかく問題を認識することの重要性を説いている。彼女によれば、何について嫉妬しているのかをできるだけ冷静に考え直してから、相手（パートナー）とじっくり話し合うことが効果的だという。確かに、自分が嫉妬しているということは、なかなか認めがたい事実かもしれない。しかし、何が問題なのかをはっきりさせなければ、どんな手を打てばよいのかまで考えが及ばないだろう。

一方、妬みについては、その経験自体をポジティブにとらえることが有効な場合があるようだ。たとえば、スミスとホイットフィールド（Smith & Whitfield, 1983）が指摘するように、妬むという経験を自分が何を欲しがっているかを知らせてくれるものとして冷静に受け止めることができるならば、妬みは自分を向上させていく努力の原動力となりえるだろう。また、妬みを感じている相手との関係も考慮すべきかもしれない。内海（一九九九）は、妬む相手を目の前にすると、気後れしたり、その相手から受け入れられていないと感じたりすることを明らかにしている。同じ研究では面接調査も実施されているが、相手から配慮ある態度がとられれば妬みが軽減するだろうと答えた者は十九名中十二名（六三％）に上っている。往々にして、妬みを感じてしまうと、その相手との間に距離を感じてしまったり、妬むあまりに嫌われていると思い込んでしまったりするかもしれない。しかし、あえて他者に近づいてその人となりをよく理解することで、相手から不当に扱われているという思い込みが払拭されるならば、妬みの解消が少なからず期待できるだろう。

とはいえ、やはり嫉妬と妬みの対処というのは言葉でいうほど簡単ではないだろう。もともと嫉妬深い人や妬みやすい人にとってはなおさらむずかしいはずだ。だからといって、欲しいものをもたざる自分を認めたくないあまりに嫉妬という感情から目を背けてしまうならば、その苦しみから逃れるどころか、事態のさらなる悪化を招きかねない。なぜなら、嫉妬と向き合わないことによって慢性的に気分が落ち込んだり、だれかを傷つけたりといった二次的な被害が生じると考えられるだ。しかし、たとえ嫉妬深い人であっても、嫉妬によってもたらされるこうした悪影響を食い止める努力に目を向けることくらいはできるのではないか。たとえば、嫉妬を経験しながらも自己補強を行うことには、抑うつを低める効果があるという（Salovey & Rodin, 1988）。おそらく、自分がだれかに嫉妬しているのだ、という事実をまずはしっかりと自覚することこそ、嫉妬に対処するための第一歩であると同時に、第一の関門であるに違いない。その上で、自分の長所に注目したり、他者と積極的に関わったりするなど、できる限りさまざまな対処法を自分なりに試してみることが、嫉妬と上手に付き合っていく一番の近道といえるのかもしれない。

Topic 6

他者と比べる心

ている様相を検討したものである。しかし、近年では、非意識的な水準でも社会的比較が行われていると主張する研究がある。ステイペルとブラントン（Stapel & Blanton, 2004）は、比較他者を閾下《いきか》プライムとして提示した。閾下プライムとは、刺激（ここでは比較他者）を意識できないくらい素早く提示することである。この研究では、大学生実験参加者に対して、比較他者として「少女」か「老女」を提示した。その結果、老女を提示した群に比べて、少女を提示した群のほうが自らを「年寄り」と評定していた。つまり、老女と比較すれば自分は若いが、少女と比べれば自分は若くないと「意識せずに」比較したのである。

上記の二つの研究から明らかになることは、人が日常生活の多岐にわたって他者からの影響を受けているということである。特に、ステイペルとブラントンの研究が示すように、社会的比較が意識せずに行われている点は注目に値する。意識せずに社会的比較が行われているということは、自己と他者の関わり自体が人間の「心」の本質的な部分であることを私たちに教えてくれる。つまり、他者を抜きにして自己を考えることは難しいのである。そのようなことから、私たちが自分というものについて考える際には、自己と他者を区分して考えるのではなく、むしろ他者の存在と不可分なものとして考える必要があるといえよう。そして、このような他者と自己の関係は、心理学の問題だけでなく、現実の対人関係のさまざまな問題に対処する上で有益な視点となるであろう。（大久保暢俊）

私たちが何者であるのか、そして、何ができるのかの判断は、他者との比較を通じて行われることが多い。たとえば、優れた人を見て、「自分は劣った人間だ」と感じたり、失敗した人を見て、「自分はこの人よりもうまくやれる」と感じたりする。このように、自分と他者を比べることを「社会的比較」と呼ぶ。社会的比較の研究は多岐にわたるが、ここでは、私たちの日常生活と関係の深い、自己評価への影響を取り扱った二つの研究を見てみよう。

キャッシュら（Cash et al., 1983）は、同性の身体的魅力が自己評価に与える影響を検討している。実験は、女性が写っている25 枚の写真を評定させることであった。写真は、身体的魅力の高い女性が写っている写真と、そうでない写真が選別されていた。さらに、身体的魅力の高い女性の写真を提示する群の半分の実験参加者には、女性とともに企業の名前が記載されている写真（広告等）を提示した。つまり、この写真の女性が「プロ」のモデルであることを強調したのである。このように、実験参加者に対し、「身体的魅力が高い女性」、「身体的魅力が低い（高くない）女性」、「身体的魅力が高く、かつプロのモデル女性」のいずれかの写真を提示した。

実験参加者（女性）は、写真の評定を行った後、自らの身体的魅力について自己評価を行った。その結果、他の群に比べ、「身体的魅力が高い女性」を提示した群で自己評価が低かった。この結果は、優れた他者と比較して自己評価が下がるのは、多くの人にとって疎遠なプロのモデルよりも、私たちの身近な人物であることを示唆している。

キャッシュらの研究は、社会的比較が「意識的な」水準で行われ

なぜ友だちとうまくいかないのか？

第7章

Key Word

衡平理論
自己開示
社会的スキル

本田周二・安藤清志
ほんだ しゅうじ
あんどう きよし

友人関係の重要性

「一年生になったら、一年生になったら、ともだち一〇〇人できるかな？」（『一年生になったら』作詞／まど・みちお）。この歌を懐かしく思い出す人は多いのではないだろうか。また、主人公メロスと親友セリヌンティウスの友情を描いた『走れメロス』を読んで感動した人も少なくないはずである。私たちは、友人との関係を非常に重要なものと捉え、それに強い関心を示しながら日常生活を送っていることは確かだろう。これは数字にも現れている。平成十一年度の青少年白書に報告されている調査には、人間関係に関する意識を尋ねる質問項目（国際比較）が含まれていた。表1に見られるように、日本の青少年の場合、悩みや心配事があったときに相談する相手を尋ねた質問に対して、「近所や学校の友だち」をあげる割合が多い。

心理学の研究でも、友人関係の重要性を示唆する研究は多い。たとえば、大学生を対象にした福岡・橋本（一九九七）の調査では、友人からのサポートが大学生の心理的苦痛を和らげるのに有効であることが明らかにされている。また、遠矢（一九九六）は、青年期の親密な友人関係は、当人の自立へのプロセスにおいて、共感と精神的安定をもたらす役割を果たすと主張している。このように、友人は、私たちの心の成長や安定に肯定的な影響を与える重要な他者として、日々の生活の中に存在しているといえる。

友人関係が壊れるとき

しかし、友人との関係は常に良い状態に維持できるわけではない。友だちと喧嘩をして学校に行くのが嫌になったり、仲の良かったグループから仲間はずれにされるなど、友人関係は悩みやストレスの源泉にもなる。本田（二〇〇七）の調査によると、大学生の半数以上が、友人関係が壊れた経験をもっていた。また、ローズ（Rose, 1984）やオズワルドとクラーク

表1　悩み・心配事の相談相手（国際比較）

国名＼順位	1	2	3	4	5
日本	近所や学校の友だち 52.4	母 45.9	父 21.9	恋人 20.9	きょうだい 19.3
アメリカ	母 56.2	父 32.9	恋人 32.6	きょうだい 30.2	近所や学校の友だち 27.3
イギリス	母 64.3	父 39.4	恋人 37.4	きょうだい 33.8	近所や学校の友だち 25.4
ドイツ	母 59.3	父 38.9	近所や学校の友だち 31.4	恋人 25.1	きょうだい 21.4
フランス	母 53.0	近所や学校の友だち 39.9	恋人 37.0	きょうだい 28.0	父 21.1
スウェーデン	母 60.3	近所や学校の友だち 50.3	父 34.8	きょうだい 34.3	恋人 31.7
韓国	近所や学校の友だち 68.2	母 38.4	きょうだい 29.5	父 16.8	恋人 14.3
フィリピン	母 75.7	父 47.9	きょうだい 39.6	近所や学校の友だち 36.6	祖父母・親類 20.1
タイ	母 66.3	父 48.5	きょうだい 24.6	近所や学校の友だち 20.2	妻または夫 19.9
ブラジル	母 60.3	父 33.0	きょうだい 20.8	妻または夫 16.1	近所や学校の友だち 15.2
ロシア	母 55.6	近所や学校の友だち 23.7	団体グループなどの仲間 22.3	恋人 21.9	父 21.8

資料：総務庁青少年対策本部「第６回世界青年意識調査」

（Oswald & Clark, 2003）の研究によると、同性の友人関係は、高校から大学への移行や引越しなど、物理的な分離によって壊れることが多い。相手の裏切りや喧嘩のような決定的な出来事だけではなく、距離が離れるという単純な理由によっても、関係は壊れてしまうのである。

友人関係の悪化や崩壊は、本人に多大な心理的苦痛をもたらす。バグウェルら（Bagwell et al., 2005）は、友人との関係悪化に伴って、抑うつ、他者と関わることに対する不安、それに劣等感が強まることを明らかにしている。友人関係の葛藤が原因になって相手を傷つけたり、自殺に至るケースも後を絶たない。

なぜ、友人関係は壊れてしまうのだろうか。相手の行動（裏切りや暴力など）も大きな原因となる可能性があるが、こうした行動はもう一方の人には統制が困難であり、対処法を考えるのはむずかしい。しかし、友人関係を形成・維持させる条件を理解することができれば、関係の悪化や崩壊を防止するための方略を考える手だてとなるはずである。

対人コミュニケーション

友人関係を形成・維持できること、反対に崩壊に導いてしまうことの多くは、相手とのコミュニケーションの問題として考えることができる。上手にコミュニケーションがとれれば二者関係を発展させることができるが、逆にコミュニケーションがうまくいかなければ関係が崩壊することにもなる。そこで、相手とのコミュニケーション（interpersonal communication）に関わる要因を検討することが、友人関係の悪化・崩壊を導く原因を明らかにしていく方法の一つであるだろう。

図1は、対人コミュニケーションから見た友人関係に関わる要因をまとめたものである。相手に対する心理には、お互いが「衡平《こうへい》である（釣り合いがとれている）」と認識していることが重要になり、相手との関係を発展させる行動としては「自分自身のことを素直に話すこと」が重要であり、上手なコミュニケーションをとるためには「他者とうまく関わる能力」が必要となる。以下では、「衡平」「自己開示」「社会的スキル」という三つの側面から「なぜ他者との友情が壊れるのか」を考えてみることにする。

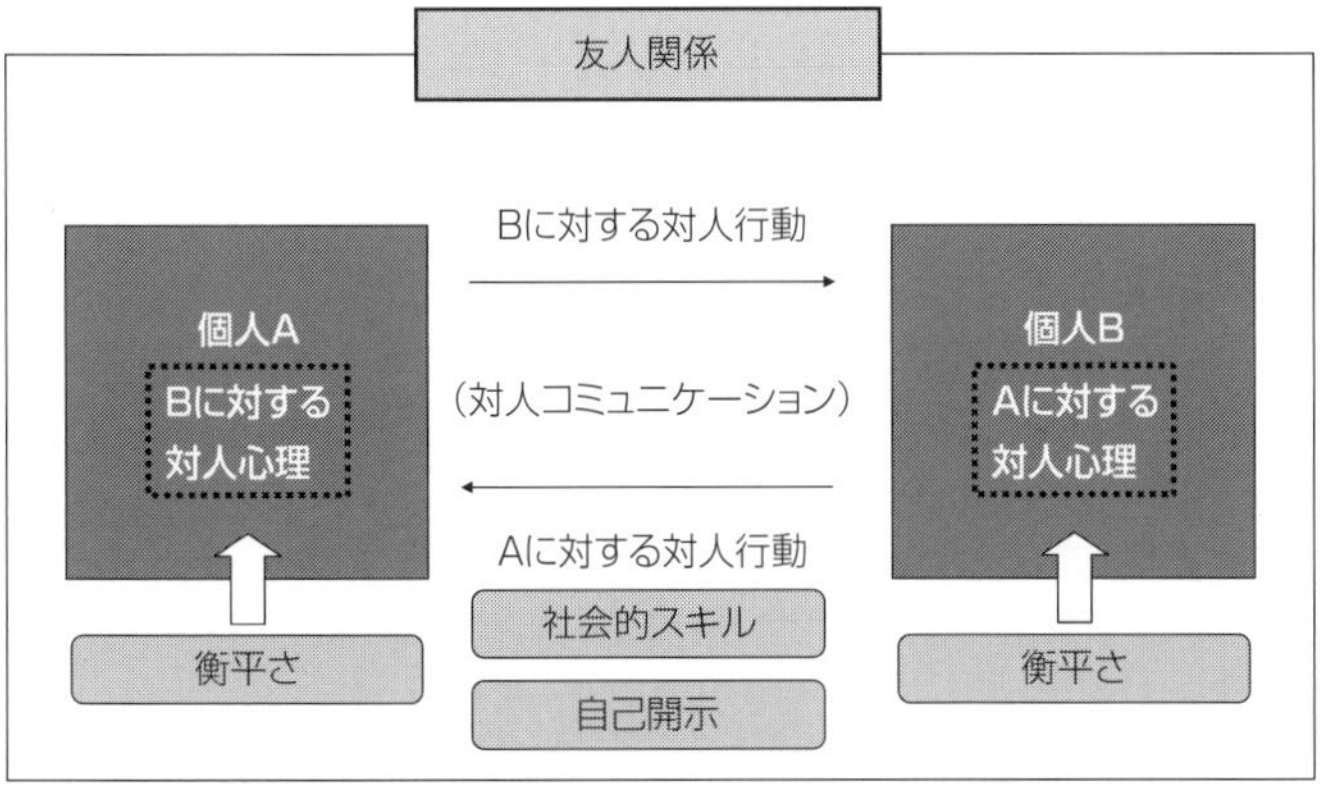

図1　対人コミュニケーションから見た友人関係（深田、1998をもとに作成）

なぜ仲が悪くなるのか

衡平――釣り合いのとれた関係

あなたはなぜ、現在の友人を「友人」と考えているのだろうか。また、その友人はなぜあなたを自分の「友人」と考えているのだろうか。「そんなこと、当たり前すぎて考えたこともない」という答えが返ってきそうであるが、本当に「当たり前」だろうか。私たちは誰とでも友人になるわけではないし、一度形成された友人関係がずっと続くわけでもない。普段はあまり意識していないかもしれないが、友人になるかどうか、それが長く持続するかどうかは、さまざまな要因の影響を受けているのである。

私たちがどのように他者と関わっているのかについて研究するための理論的枠組みの一つに「衡平理論」がある。この理論によると、人は相手と相互作用を行う中で、さまざまな資源を交換しあっており、自分が与えるもの（input）と相手から得ているもの（outcome）の割合が等しいと認知されている場合に関係の満足感が高まるとされる。一方、自分ばかりが相手に尽くしている関係では腹立たしさを感じ、逆に相手から尽くしてもらって自分が何も与えていない関係では申し訳なさが強まるかもしれない。このような釣り合いのとれない関係では、人は釣り合いのとれた状態にしようと努めるが、それが困難な場合には関係自体にあまり満足感を感じることができなくなる。このような状態では、関係は疎遠になってしまう可能性がある。なお、この「衡平である」という評価はあくまでも当人の主観に基づくものである。つまり、自分が相手に与えすぎていると考えていても、相手はそう考えていないかもしれない。また、自分は衡平だと思っていても、相手は与えすぎていると考えているかもしれない。二者関係においては、両者がお互いの主観によって関係の満足度を評価しながら、衡平を維持できるように関係のあり方を調整しているのである。

自己開示

親しい友人との間で「お前だけには話しておきたいんだけど……」と悩みを打ち明けたり、逆に相手から打ち明けられたりすることは、誰しもが一度は経験したことがあるだろう。人は友人とさまざまな事柄を話す中で、次第にお互いのことを深く知るようになる。会話の内容は、昨日観たテレビの話といったたわいもないものから、人生相談とも言えるような深刻なものまで多様である。その中で、自分に関する事柄を相手に伝えることを自己開示という。安藤（一九九〇）は、自己開示を「自分自身に関する情報を、本人の意思のもとに（強制されることなく）特定の他者に対して言語を介して伝達すること」と定義している。

自己開示をすることは、二者関係の中で重要な働きを担っている。感情を表出すること、自己の考えなどを明確にすること、相手が自分に抱く印象をコントロールすることなどである。中でも、相手との関係をより親密なものにする機能は、特に重要である。相手から自己開示を受ければ自分を信頼している証しになり、自己開示を「お返し」する。これによって両者の関係は次第に深まっていく。丹野・下斗米・松井（二〇〇五）の研究でも、相手との仲が良くなればなるほど自己開示が促進されることが明らかにされている。

ただ、親密な友人関係を築こうとして闇雲に自己開示をしても、逆効果になることがある。自己開示には暗黙のルールがあり、これに反する自己開示は相手から否定的な評価を受けてしまうのである。たとえば、ウォートマンら（Wortman et al., 1976）は、会話を開始してからすぐに内面的な開示を行う人物は、会話の終わりに同じ内容を開示する人物に比べて、未熟、嘘つき、不適応、不安定、という否定的な評価を受けることを明らかにしている。自己開示をするにも「タイミング」が重要であり、出会ってすぐに内面的な自己開示をすると相手からの評価が低くなってしまうのである。

また、「お前だけには……」と言いながら、他の人にも自己開示をしていないだろうか。こうした行動も、相手から否定的な評価を招きやすい。相手は、自己開示をするのは自分を信頼してくれているからではなく、「誰それかまわず話してしまう人」だからだと解釈してしまうのである。そうなれば、自己開示を「お返し」する可能性は低くなるだろう。

一方、仲の良い友人が深い内容の自己開示をするのに自分はその友人に自己開示をしない場合も問題である。自己開示には、相手が開示をしてくれた内容と同程度の内容の開示を自分もすべきであるという「返報性のルール」が存在する。これは、二者関係においては自分と相手との釣り合いが重要視されるという、前述の衡平理論からも理解できるだろう。

社会的スキル

おそらくあなたの周りには、誰とでも仲良くつきあえる人がいる一方で、何かと他者から誤解されたり、うまく打ち解けられない人もいるだろう。これは、社会的スキルの違いと考えることができる。社会的スキルとは、「他者との円滑な関係を保持するために必要な認知的判断や行動」（堀毛、一九九四）であり、前者は社会的スキルの高い人、後者は社会的スキルの低い人ということができる。

社会的スキルは、大きく三つに分けることができる。自分の意図や感情を相手に正確に伝える「記号化」、相手の意図や感情を正確に読み取る「解読」、感情をコントロールする「統制」、である。これら三つのスキルをうまく使うことによって、相手と円滑なコミュニケーションがとれるようになる。社会的スキルが高い人というのは、相手の話をよく聞き、話がうまく、怒りにまかせて相手を非難したりしない、というような人だといえるだろう。一方、社会的スキルが低い人は、人との関わり合いの中で稚拙な行動を頻繁に行うことによって、相手との関わりを不快なものにしてしまう人である（相川、一九九九）。社会的スキルが低いと、なかなか友人が作れなかったり、関係をうまく維持していくことが困難になる。

社会的スキルがどの程度高いかを測定するための尺度も開発されている。代表的なものに菊池（一九八八）の“KiSS–18”がある。具体的な項目としては、「他人と話していて、あまり会話が途切れないほうですか」「相手から非難されたときにも、それをうまく片付けることができますか」「初対面の人に、自己紹介が上手にできますか」などが含まれている。あなたは、これらのことがうまくできているだろうか。ときには、このような尺度を使って自分の社会的スキルを把握し、弱点を克服してゆく努力を意識的に行う必要があるだろう。

関係を維持するために必要なこと

本章では、社会生活を営む上で非常に重要な他者である「友人」に焦点を当て、友人関係を維持することを困難にさせる要因を、「衡平」「自己開示」「社会的スキル」という三つのキーワードから見てきた。私たちが関係を維持していくためには、このように多くのことが必要なのである。

社会の中には、友人関係を維持することのむずかしさに圧倒され、この種の事柄をうまくできないのは自分の「性格」だと諦めてしまったり、自信を失う人がいるかもしれない。しかし、うまく友だちを作ることができないことや、友人との仲が壊れてしまうことに関わる要因が明らかにされるということは、それに基づいた対処法を見出せる可能性がある、ということでもある。

以下では、これまでの議論を踏まえて、友情が壊れないための方略について考えてみることにしよう。

自分本位にならない

前に述べたように、親密な関係の中では「衡平であること」が重要である。しかし、私たちは、相手にしてもらったことよりも、自分がしてあげたことを過大に評価する傾向がある。これは、相手からの評価を下げることにつながる。気づかないうちに自分ばかりが得をしていることはないだろうか。相手との関係を維持するためにも、常に「相手の目から見た」衡平についても思いを巡らせる気配りが必要だろう。

適切な自己開示

自己開示は、相手と仲良くなるためにも非常に重要な社会的行動である。お互いに悩みを打ち明け合うことで格段に親しみが増すこともある。青年期には、自分をさらけ出すことで相手から否定的な評価を受けることを恐れるあまり、自己開示をすることに対して抵抗を覚えることが多い（福森・小川、二〇〇六）。しかし、それにもかかわらず相手を信頼して話すことが、その相手からの好意を得ることにもつながるのである。自己開示をつうじて自己を「適切に」相手に知らしめようとする姿勢が、友だちとの仲を保つためには重要である。

社会的スキルを身につける

自分は社会的スキルが低いのではないか。そのように感じる人もいるかもしれない。しかし、自分のスキルの低さに嘆き、「私はこういう性格だから」などと諦める必要はない。テニスや車の運転の腕を磨くのと同じように、社会的スキルは鍛えることができるのである。実際、これまでに多くの社会的スキルトレーニング（Social Skill Training）が開発されている（大坊、二〇〇三）。特効薬とは言えないかもしれないが、地道に自分のスキルをアップしていくことが重要であろう。

以上、友人関係を維持するために必要と思われる要因について考えてきた。当たり前に存在するものと考えられがちな友人関係について、少し見直すきっかけになっただろうか。友人関係を維持するためには、意外と大きな労力を要するものである。それを惜しんではならない。相手とのバランスを重視し、その中で主張すべきことは主張し、互いに相手に対する配慮を忘れないような関係を形成していく必要があるだろう。そのような友だちは、かけがえのない存在であり、自分を成長させてくれる。それがあなたの人生を今まで以上に輝きに満ちたものにしてくれるはずである。

感情表出の制御

ら、人はどのような対象に対してても自分の感情を率直に表す、あるいは表さないのではなく、他者との関係性に応じて表出を調整し、その影響も異なることが明らかになった。

一方で、感情表出の制御は身近な他者に対してのみ行うわけではない。たとえば、対人サービス従業者は、サービスを提供する顧客やクライアントとの相互作用場面で、組織から適切な感情表出が求められ、感情の制御や喚起を強いられることがある。これは、ホックシールド（Hochschild, 1983）によって「感情労働」（emotional labor）として盛んに研究が行われている。ホックシールド（1983）は、一貫して過剰な感情労働によるネガティブな影響に注目しているが、昨今では、①組織から強いられての感情労働だけでなく自らの意思で行う感情労働もある、②自分と仕事との適切な距離によってポジティブな側面もある、という二点で感情労働には弊害しかないという考えは批判されている（小村, 2004）。

以上のように、自分の感情を率直に表出しないことは、正負の両側面を内包していると考えられる。感情表出の制御による負の側面を極力減らし、他者との円滑な関係や豊かな社会生活を築いていくためには、さまざまな要因を考慮し、適切に感情の表出を調節することが重要であろう。

（結城裕也）

あなたは、「誕生日プレゼントに自分が欲しいものではない物をもらって不満だったが、それをオモテに表さずにニッコリ笑った」などの経験はないだろうか？　この例のように、相手の好意を無にしないために、がっかりしているのを隠して喜びを表現することは少なくないであろう。この現象は「感情表出の制御」（regulation of emotion expression）として、近年特に注目されている研究領域である。

ネップとヘス（Gnepp & Hess, 1986）は、人が感情の表出を制御する動機を、自分にとってネガティブな結果を避けるためなどの「自己保護的動機」と、他者との関係を維持するためなどの「向社会的動機」の二側面に分類した。このことから、われわれが感情の表出を制御するのは、「自分」に不利益にならないため、あるいは他者と関わる「社会」に多大な関心を向けているためであるともいえる。それでは、感情表出の制御はどのような影響をもたらすのだろうか？　先行研究では、自分の感情を他者に率直に伝えないことによる、抑うつなど精神的健康への負の影響が指摘されている（崔・新井，1998；畑中，2003）。しかし、先述のように、われわれが他者との関わりを重視する社会的存在であることを前提とすれば、自分の感情をそのままの形で表さずに制御することは、社会生活や他者との関係性を円滑にし、他者からの評価を下げないためには重要なことであるともいえる（平林，1995）。結城（2006）は、このような関係性に応じた感情表出の制御の影響について、友人・親・恋人など親密な対人関係を中心に検討した。その結果、恋人に対する感情表出は、他の関係性に対する感情表出と比較して、より将来の関係性の向上につながると認知されていた。このことか

なぜその人は相手を傷つけるのか？

第8章

Key Word
攻撃
怒り
自己中心性

湯川進太郎《ゆかわ しんたろう》

他者を攻撃する心

人間関係は、いつも良好というわけにはいかない。ときには、お互いに意見が合わず衝突したり、自分の都合を無理に通そうとして嫌われたり、相手の身勝手な行動に腹を立てたりする。他者との関係がうまくいかなかったとき、私たちは、悲しみや怒りといった感情が湧く。そして、多くの場合、それと同時に何か行動を起こす。たとえば、悲しい気持ちになれば、その気持ちを紛らわすために、ショッピングや旅行に出かけたり、好きなものを食べたり趣味に没頭したりする。第三者に愚痴を聞いてもらうという選択肢もあるだろう。なぜうまくいかなかったのか、静かな場所で自問自答することもあるかもしれない。

怒り経験と行動

では、腹が立ったとき、すなわち、怒りの気持ちが湧いたときはどうだろう。今まで一度も怒ったことがないという人は滅多にいないだろうから、自分の経験を思い出してみるとよい。きっと、そのときそのときでいろいろな行動をしているはずだが、もちろん、その人特有の行動というのもあるにちがいない。湯川・日比野（二〇〇三）は、大学生を対象に、怒りを経験した後にそれを緩和するために行った行動を（効果の有無にかかわらず）具体的に記述させた。その結果を表1に示した。表1にあるように、一番多い選択肢は、社会的共有であった。感情の社会的共有とは、自分の経験やそれにまつわる感情を他者との率直な会話の中で話すことである（Rime et al., 1998）。簡単にいえば、愚痴をいうことだ。腹が立ってもその場では我慢（抑制）して、相手に直接気持ちをぶつけることを避け、別の場所で別の人に自分の気持ちを聞いてもらうという経験は、誰にでもある。

表1からわかるもう一つの特徴は、攻撃行動、すなわち、怒りの気持ちを直接その相手にぶつけるという行動を選択する可能性は低い、ということである。私たちは、ふだん腹が立っても、それを直接相手に向けることは、実は極めて少ない。一般的な感覚として、怒り感情と攻撃行動は結びつきやすい、あるいは、両者は同じものだと考えられている節さえあるが、研究をしてみると、実際はそうではないことがわかる（木野、二〇〇〇；大渕・小倉、一九八四）。このように攻撃とは、怒りの

表1　怒り緩和行動

行動	比率
社会的共有	33.3%
合理化	26.2%
忘却	26.2%
気分転換	16.7%
攻撃行動	14.3%
原因究明	7.1%
物への転嫁	4.8%

（湯川・日比野，2003をもとに作成）

後に生じる数ある行動のうちの一つにしかすぎない。

攻撃行動の種類

私たちの生活を振り返ってみると、怒らなくても攻撃する、という場合もあることに気づく。たとえば、何らかの目標を得るための手段として、戦略的に道具として攻撃行動を用いる場合である。銀行強盗や恐喝などは、その最たる例だろう。ピストルやナイフで脅して銀行強盗や恐喝をするのは、金を奪うためであって、決して相手を傷つけることが本来の目的ではない。こういう種類の攻撃を、道具的攻撃と呼ぶ。攻撃行動を道具として用いている、という意味である。道具として攻撃を用いる場合、必ずしも憎しみや怒りは必要ない。むしろ、冷静沈着に攻撃という道具を使うほうが、本来の目的を首尾良く成し遂げるには都合がよいかもしれない。一方、相手が憎くて、傷つけることそのものが目標の攻撃は、敵意的攻撃という。攻撃行動でもって憎き相手に敵意をぶつける、という意味である。怒りの感情をそのまま相手に表出するわけだから、感情的攻撃とも呼ばれる。

攻撃という言葉は、日常的にも用いられるので、おおよそ共通したイメージをもっているのではないだろうか。最初に思い浮かぶのはおそらく、実際に殴ったり蹴ったりするような行為だと思う。こうした、手足を用いた攻撃、すなわち身体的攻撃のことを特に暴力という。一般に「言葉の暴力」という使い方もあるが、心理学では、特に身体的な攻撃行動のことを暴力と呼んでいる（Geen, 1995）。一方、言葉を用いた攻撃は、言語的攻撃という。

身体や言葉を用いて直接相手に危害を加えようとする攻撃を直接的攻撃と呼ぶが、もう少し回り道をして相手を攻撃するというやり方もある。これを間接的攻撃という。たとえば、相手の大事な物を隠す、仲間はずれにする、影で悪口をいう、などである。最近では、こうした攻撃は関係性攻撃として取り上げられ、学校や職場でのいじめの問題として、盛んに研究されている（磯部・佐藤、二〇〇三；磯部・菱沼、二〇〇七）。

攻撃行動の定義

そもそも攻撃行動とは何だろうか。ここまで、いろいろな種類の攻撃行動を示してきたが、ある行動を攻撃として判断するために、心理学では、一つの基準を設けている。つまり、心理学では、攻撃行動を「他者に危害を加えようとする意図的行動」として定義する（大渕、一九九三）。この基準に見合う行動はすべて、攻撃行動とみなす。

この定義には、二つの重要なポイントが含まれる。その一つめは、「意図的行動」という点だ。心理学の研究対象となる攻撃は、行動の見た目の形だけでなく、そこに含まれる意図性を問題とする（湯川、二〇〇一）。つまり、背景に心理的な意図を想定してはじめて、ある行動が攻撃とみなされるわけである。なお、この意図性は、むずかしい言葉でいうと、社会的合意の上に成り立つ。つまり、行為者本人に相手を害しようという意図があるかないか、被害者本人に意に反して害されたという意識があるかないか、そして、第三者からみて攻撃しているとみなされるかどうか、の三つの視点から意図性があるかないかが測られる。しばしば刑事事件の裁判などで、被告人の意図（犯意、犯罪動機）について問題にされるが、そこでの争点はこの三つにある。

したがって、たとえば、外科手術などの医療行為は、患者本人が嫌がっているわけではないし、そもそも執刀医は傷つけようという意図はなく、その先に患者の患部を治そうという意図があるので、攻撃行動ではない。ボクシングやK－1などの格闘技の試合も、選手本人がしぶしぶリングに上がっているわけではないので、これも攻撃行動ではない。また、自傷行為のように行為者と被害者が同一人物であったり、二者がサディストーマゾヒストの関係であったりする場合は、行為の対象となっている被害者が事態を避けようとしていないので、これらは攻撃に入らない（あるいは、攻撃とは別の特殊な現象として検討すべきである）。さらに、事故・過失・能力不足などで意図せず相手に害を与えてしまった行動も、攻撃の範疇から除かれる。

定義についての二つめのポイントは、「危害を加えようとする」という点である。つまり、実際に害が生じたかどうかは問題ではない。たとえ未遂に終わったとしても、傷つけられたくないと思っている相手に傷つけようと意図して行われた行動はすべて、攻撃に相当する。ピストルで撃ったが当たらなかった、殴りかかったがかわされた、という場合でも、攻撃になる。このように、行動の結果は、攻撃かどうかの判断に関係ない。

自己中心性と攻撃

ここまでは、攻撃行動の性質一般について説明してきたが、では、どんなタイプの人がこうした攻撃行動に及びやすいのだろうか。攻撃行動に結びつきやすい性格傾向の一つに、自己中心性がある。自己中心的な人間は、自分の利益や快楽を優先するので、その過程で他者を傷つける可能性が高い。ただ、自己中心的な人間でも、他者を気にするか気にしないかで、二つのタイプがある。一つは、あまりに「他者を気にする」がために攻撃的になる自己愛傾向のある人、もう一つは、まったく「他者を気にしない」がために攻撃的なサイコパス傾向のある人である。

自己愛と攻撃

世の中には、自分が好きだという人もいれば、自分が嫌いだという人もいる。最近では、他者を見下すことで自分を保とうとする若者が増えているとも言われている（速水、二〇〇六）。このような、他者を軽んじ、自分を過剰に高く評価する傾向は、自己愛と呼ばれる。

自己愛者は、自己評価が過剰に高いので、他者からの評価に敏感である。そして、多くの場合、他者の客観的な評価と比べて自分の主観的な評価ははるかに高いので、他者評価が脅威となる。その結果、好ましい自己評価を維持しようとして、他者に対して怒りの感情を抱く。こうして生じる怒りは特に自己愛憤怒といわれる（Kohut, 1971）。同時に、防衛的に反駁しようとして、攻撃行動を表出しやすいと考えられる（自己本位性脅威モデル、Baumeister & Boden, 1998）。怒りの感情は、自分が今まさに危機的な状況にある（権利を侵害されつつある）ということを、自他に知らせる警告信号として働く。自己愛者は、高く評価されていたり厚遇されていたりするときは問題ないが、本人からすれば評価が低かったり少しでも冷遇されたとたんに、怒りが爆発し、攻撃行動へと結びつく。

この自己愛と攻撃の関係については、これまでにも質問紙による実証的な調査研究がいくつか報告されているが（湯川、二〇〇三）、ブッシュマンとバウマイスター（Bushman & Baumeister, 1998）は、それを実験研究によって示した。彼らは、自尊心（自分を好ましいと思う思考・認知）ではなく、自己愛（自分を好ましく思いたい動機・情動）こそが攻撃行動に結びついていることを明らかにし、自己本位性脅威モデルの妥当性を検証している。

自分が嫌いだという人よりも、自分が好きだという人のほうが、おそらく精神的に健康だと思うが、自己愛のように過剰に評価が高くなると、周囲に迷惑がかかる。ただ、周りへの迷惑ということだけでなく、常に他者からの脅威を気にし続ける生活自体、本人にとっても苦しく生きにくい毎日に違いない。

サイコパスと攻撃

まったく他者の評価を気にせず、また、他者への迷惑も顧みず、欲望の赴くままに生きているタイプの人間がいる。中でも特に、冷酷で利己的な要素と、衝動的で反社会的な要素の両方を兼ね備えた人は、周囲に多大な損害を与える。こうしたパーソナリティの持ち主は、サイコパスと呼ばれる。彼らは、他者への共感性が低く、良心の呵責を感じにくく、欲望のためには平気で嘘をついたり人を操ろうとしたりするので、周囲の苦しみに反して、本人は痛くも痒くもない。サイコパスと近い概念に反社会性人格障害（十八歳未満の場合は、行為障害）があるが、反社会性人格障害が広範な反社会的行動を行う人々を含むのに対して、サイコパスは、冷酷さなどの情緒面での問題を伴うタイプに限定している。

サイコパスという症候群についてはもともと、クレックレイ（Cleckley, 1941）によって提唱され、ヘア（Hare, 1980 ; 1991 ; 1993）がサイコパシーチェックリスト（ＰＣＬ）を作成して以後、現在まで実証研究が盛んに行われている。サイコパスは当初、わが国では精神病質と訳され、犯罪と結びつきやすいパーソナリティのために、「犯罪者＝サイコパス（精神病質）」というレッテルを貼ることにつながった。そこから、犯罪者は精神的に病んでいて、治療困難であるために、強制的に収容・隔離すべきだ、という方策が採られたことで、サイコパス概念に社会的批判が集中した。このため、わが国のサイコパスに関する研究はこれまでほとんどなされてこなかった。対して欧米では、近年、サイコパス概念が改めて注目を集めつつあり、数多くの実証研究が行われている（Blair, Mitchell & Blair, 2005；Hervé & Yuille, 2007）。

サイコパシー傾向の高い人の特徴は、冷酷性・利己性と衝動性・反社会性の二つである。衝動的・反社会的なため、不満や怒りの感情をまったく制御せずにそのまま表出する敵意的な攻撃性が高い。その一方で、冷酷で利己的なために、自分の欲求に沿った目的に向けて道具的に攻撃を用いる傾向も強い。つまり、サイコパスは、敵意的攻撃と道具的攻撃の両方ともに強く結びついている（Cornell et al., 1996）。

最近わが国でも、サイコパスに関する実証研究が行われつつある（Osumi et al., 2007）。そもそも、サイコパスと思われる人々の再犯率は他に比べて高いので（Hare et al., 2000）、研究する意義は大いにある。また、サイコパス＝犯罪者として捉えるのではなく、サイコパシー特性という連続体で広く捉えることで、他者とかかわるときの情緒的な側面と攻撃性との間の関係を、より深く理解することができるだろう。

人間関係に役立つ対処法

腹が立ったとき、それをそのまま相手にぶつけてしまうと、ケンカになったり疎遠になったりして、その人との人間関係が破綻してしまう。自分に対する他者の怒りや攻撃を食い止めることは、その人の思いや考えもあるので簡単ではないが、少なくとも自分の中で喚起した怒りの感情とうまく付き合えば、人間関係もうまく行くはずである。つまり、まずはあなた自身が相手を傷つけないために、自分の怒りの感情を整理できるようになるとよい。

怒りのコントロール

怒りをコントロールするということは、単に怒りの感情を抑えて我慢することとは違う。コントロールとは、「いかにうまく表出するか（処理するか）」である。つまり、人間関係に不必要なひずみが生じないよう、適度に出し入れすることが重要となる。車にたとえれば、コントロールするというのは、単にブレーキを踏むだけではなく、アクセルとブレーキをうまく使いこなしながら、交通ルールにしたがって、目的地に向かうのに似ている。

もう少し具体的に、怒りをどうコントロール

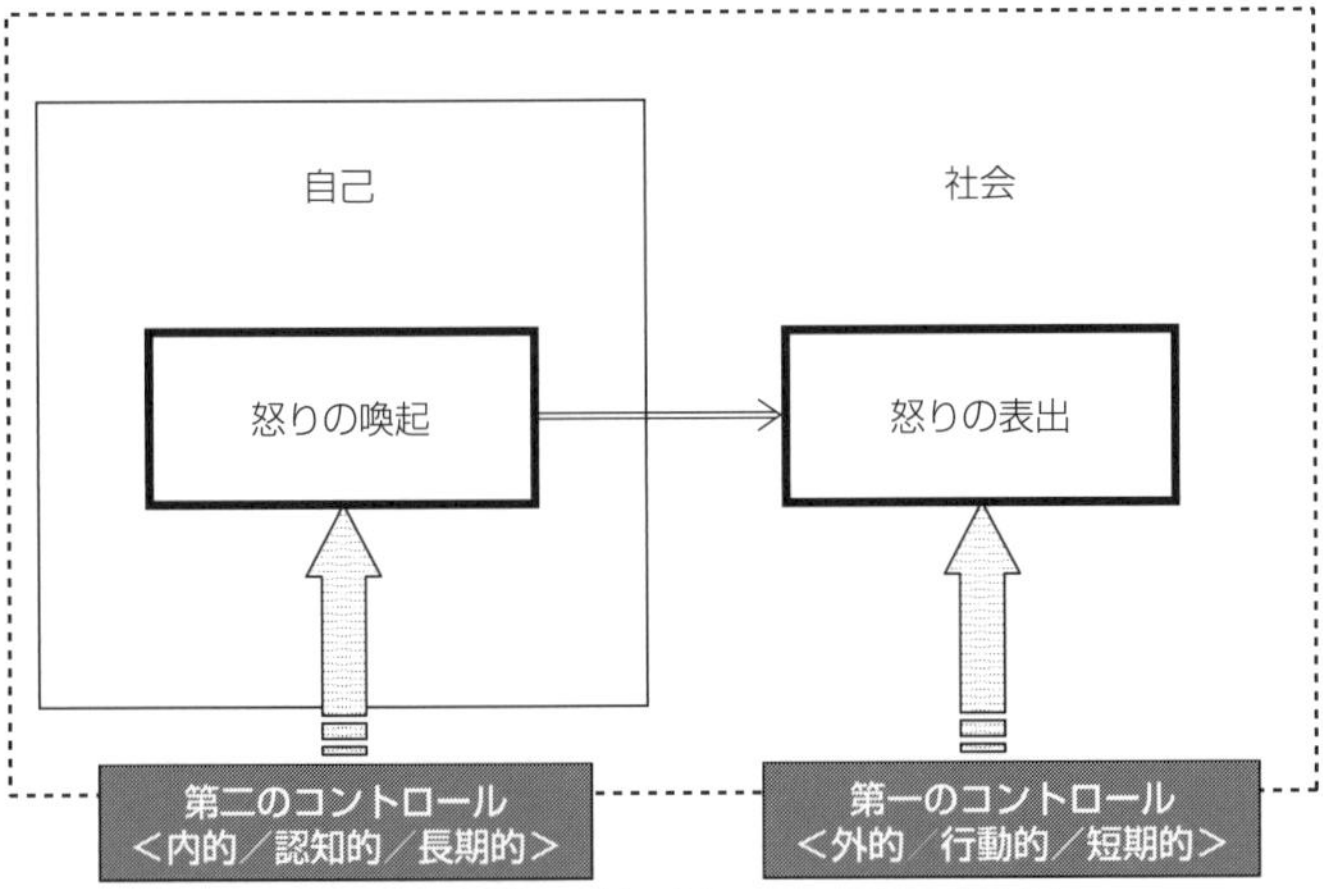

図１　コントロールの２段階モデル（湯川，2004を一部改変）

するとよいかをイメージするために、コントロールの目標として二段階を想定するとよい（図1）。私たち人間から、怒りの感情そのものを無くすことはできない。そこで、まずは怒りの感情がそのまま表に出る（攻撃として行動化する）ことを防ぎ、社会的な規範やルールに沿った形で適切に怒りの感情を表現する（怒っていることを伝える）ことが、第一のコントロールの目標となる。これは、行動面に向けられた外的なコントロールといえる。怒っていることがうまく相手に伝われば、その相手はそれ以上、自分を侵害する行為を止めるはずである。このように怒り（の表出）は、他者の行為が何らかの形で自分を侵害していることを（自他ともに）知らせる警告信号の役割を果たす。心理的物理的な侵害に対する信号の役割をもっているからこそ、私たちには怒りの感情が備わっているのである。

第一のコントロールがうまくいったとしても、心の中には、喚起された怒りがくすぶり続けている。そこで次に、感情そのものに向けられた内的なコントロールとして、生じた怒りを自分の中でどう収めるか（怒りの経験を自分の中でどう整理するか）が、第二のコントロールの目標となる。このとき、自分の気持ちを見て見ぬふりをして、忘れてしまおうというような回避的な対処方略は、短期的には効果はあるものの（Rusting & Nolen-Hoeksema, 1998; Bushman, 2002）、中長期的に見ると悪影響が出てくる（湯川・日比野、二〇〇三）。湯川・日比野（二〇〇三）では、怒り経験後の行動として忘却という回避的な方略を選択しがちなほど、特性的な怒り傾向が高いことが示されている。これは、忘却という回避的な対処によって、怒りやすい傾向が維持されることを示唆している。したがって、怒りへの対処としては、第一の外的コントロールを経た後に、第二の内的コントロールまで果たすことが、短期的にも長期的にも適切だろうと考えられる。

怒りの筆記

近年、言語を用いたコントロール方法として、筆記が注目されている。私たちは、怒りをコントロールしていく上で、特に第二の内的コントロールの段階で、いかに怒りの対象（経験）と向き合い、認知的に再体制化していくか（心の中を整理していくか）が重要となる。このとき、ただ単にその対象と向き合うだけでは、反すうが起こり、過去の嫌な出来事を再体験することになって、むしろ怒りが持続してしまうかもしれない。そうした逆効果を避け、より効果的に対象と向き合うためには、何らかの方法でもって、対象を客観的多面的に捉え直し、受け入れていく（自分という物語の中に組み込んでいく）必要がある。このような客観視と認知的再体制化に有効で、かつ平易な方法として、筆記療法（筆記開示法）の研究が盛んに行われている（Lepore & Smyth, 2002）。怒りのコントロールにおける筆記の効果に関する研究は、今のところまだ少ないが、対象を客観的に捉え整理する上で、書くという行為は非常に有効なツールの一つと考えられることからも、今後の研究蓄積が望まれる。

力映像、③非暴力映像、の三つが用意された。被験者は一人ずつサクラとともに実験に参加し、ついたてを挟んで着席して、①②③のうちいずれかを視聴した。なお、視聴前に、被験者の半数はサクラから挑発を受け（サクラが被験者の問題解決案に対して低い評価と相応の不快音を与えた）、怒りを喚起させられていた。映像視聴後、被験者の攻撃行動を測定すると（さきほどの挑発操作とは逆に、サクラの問題解決案を被験者に評価させ不快音を与えさせた）、挑発によって怒りが高まっている場合に限り、暴力性の高い暴力映像のみが攻撃行動を促進する可能性が示唆された。

この実験の結果一つとっても、暴力映像と攻撃行動の関係は単純でないことがわかる。すなわち、暴力映像の種類や視聴時の感情状態によって、攻撃行動が促進される場合とそうでない場合があるということだ。暴力映像の影響は、この他の要因（たとえば視聴者の性別やパーソナリティ、視聴時における他者の存在など）によっても複雑に変化することが一連の実験研究によって明らかにされている（詳しくは、湯川, 2005 を参照）。

数多くの心理学的問題の中でも暴力や攻撃といった問題は、社会的文化的背景の影響を多分に含む。したがって、欧米の知見を単純に適用するのではなく、何よりもまず、わが国独自の実証的データを蓄積することが急務だろう。（湯川進太郎）

「暴力的なテレビや映画を視聴したり、暴力的なテレビゲームで遊んだりすると、人は攻撃的になるのか？」

凶悪だとされる少年事件が起こるたびに、こうした類の問いかけを目にしたり耳にしたりする機会が増えた。世界的に見れば、この「メディア暴力」の問題は決して目新しいものではない。欧米ではすでに1960年代から本格的に研究が始まり、これまでに数千ともいわれる研究蓄積がある。一方、日本は1990年代後半になってようやく、こうしたメディア暴力が青少年に及ぼす影響を問題視するようになったというのがむしろ実状である。

メタ分析という手法を用いて、それまでに蓄積された諸研究の結果をまとめる研究、というものがある（Anderson & Bushman, 2001; Hogben, 1998）。こうした研究からは、メディア暴力（暴力映像、暴力的テレビゲーム）は接触者（視聴者、プレイヤー）の攻撃性・攻撃行動を促進すると結論づけられている。細かく見ていけば、接触者の個人差、メディア暴力の内容、あるいは接触状況などによって影響力が促進されたり抑制されたりするが、いずれにせよ、メディア暴力には攻撃促進効果がある、というのが欧米でのコンセンサスとなっている。

ただ、「メディア暴力は攻撃行動を促進する」という結論のみが一人歩きすると、メディア暴力に接したら全員が即攻撃的になるという誤解を生みかねない。これは短絡的な間違いである。こうした前提を踏まえて、わが国における実験研究を紹介する（湯川・遠藤・吉田, 2001）。

この研究ではまず、刺激映像として、①残酷で衝撃的な「暴力性」の高い暴力映像、②虚構的で様式化された「娯楽性」の高い暴

なぜ人は恋に落ちるのか？

第9章

Key Word

恋愛

対人魅力

立脇洋介《たてわき ようすけ》・松井豊《まつい ゆたか》

A君「俺、最近彼女ができたよ」

B君「え、誰？　知っている人？」

A君「いや、知らない人」

B君「じゃあどんな人？　顔は誰に似てる？」

A君「う〜ん。雰囲気は○○に似てるかな」

B君「性格は？」

A君「きれい好きで結構細かいよ」

B君「お前にすごく似てるね。ところでどこで知り合ったの？」

A君「ゲームの中で……」

「恋に落ちる」という言葉のとおり、思いがけず誰かを好きになり、恋が始まることは、たびたび見られる。しかし、恋に落ちる理由は、人によって、またタイミングによって大きく異なる。

心理学の分野では、恋愛を扱った研究が一九七〇年代から行われており、日本でも二〇〇〇年以降毎年二十件近くの研究が発表されてきた（立脇ら、二〇〇五）。本章では、これら心理学の恋愛研究の成果を基に、人がなぜ恋に落ち、恋に落ちるとどのようになるのかについて説明していく。

なぜ人は恋に落ちるのか

外見の魅力

冒頭のA君のように付き合い始めた頃、恋人の外見を尋ねられた経験は、多くの人がもっているであろう。人を好きになる際に、外見は重要な役割を果たすことが明らかにされている。

外見の重要性を明らかにしたのは、ウォルスターら（Walster et al., 1966）のダンスパーティー実験である。ウォルスターらは、大学の新入生に、「コンピューターが理想の相手を選ぶ」というダンスパーティーへの参加を呼びかけた。参加手続きの受付けで、参加者は理想の相手を選ぶ基準となる学校の成績や性格などの質問に回答した。この際、参加者には内緒で、四名の実験者が、参加者の外見が魅力的であるかどうかを評定していた。実は「コンピューターが理想の相手を選ぶ」というのはまったくの嘘で、相手はでたらめに割り当てられていた。その相手と実際に二時間以上ダンスをした後、参加者は相手への好意などの質問に回答した。実験の結果、男性でも女性でも、ダンスの相手に対する好意を最も高めるのは、成績でも性格でもなく、参加者に内緒で評定していた外見であることが明らかになった。

ウォルスターらの結果を見る限り、男性も女性も外見の魅力的な異性を好きになりやすいようである。しかし、いつでも外見が最も重要とは言えない。この実験では新入生を対象としたダンスパーティーという状況が扱われていた。新入生同士では相手は初対面の人が多い。また、ダンス中は、会話があまりできず、相手の性格などは十分に知ることができない。したがって、相手の性格を十分に知らない初対面の状況では、外見が魅力的な異性に惹かれやすいといえる。

性格の類似

冒頭のB君は外見の次に性格について尋ねていた。人を好きになるときには、外見と並んで性格も重要である。性格に関しては、「似たもの夫婦」「類は友を呼ぶ」という言葉があるように、自分と似ている人に惹かれやすいことが一般的に知られている。この点を実験によって検討したのはバーンとネルソン（Byrne & Nelson, 1965）である。

バーンとネルソンは、参加者に人種問題や学生寮などに関するアンケートに回答するように求めた。次に、参加者は自分以外の実験参加者が回答したアンケートの結果を見せられ、アンケート結果を基にその人への好意を回答した。実は、見せられたアンケート結果は、参加者と似た回答や異なる回答など、実験者によって似ている程度を操作された架空のものである。実験の結果、相手の回答が自分と似ているほど、好意を抱くことが明らかになった。

バーンとネルソンの実験もウォルスターらの実験と同様に、初対面の状況を扱っている。しかし、外見と異なり性格は、長期間にわたり、相手への好意を高めると考えられる。たとえば、最高裁判所事務総局（二〇〇七）が発表している離婚に関する統計によれば、男女とも離婚の理由として「性格の不一致」が最も多くあげられている（夫六三％、妻四四％）。このように、性格の類似性は、惹かれやすさだけでなく、関係の継続にとっても重要であると考えられる。

恋に落ちる理由の違いを説明する理論

以上の研究では、外見が魅力的な人や性格が似ている人に好意を抱くことが明らかにされてきた。しかし、外見や性格が条件を満たしていない相手を好きになった人や、これらの条件を満たしている相手と別れた人もいるであろう。それでは外見や性格は、どんな人の、またどのようなときに、好意を高めるのであろうか。以下では、三つの立場からこの問いに対する答えを説明する。

恋愛のタイプによる説明——恋愛の色彩理論

第一は、人によって恋愛のタイプが異なるという説明である。この立場の代表的な研究として

表１　Leeの恋愛類型論における各類型の特徴（松井ら，1990）

タイプ	特徴
ルダス（遊びの愛）	恋愛をゲームと捉え、楽しむことを大切に考える。相手に執着せず、相手との距離をとっておこうとする。複数の相手と恋愛できる。
プラグマ（実利的な愛）	恋愛を地位の上昇などの手段と考えている。相手の選択においては、社会的な地位の釣合など、いろいろな基準を立てている。
ストーゲイ（友愛的な愛）	穏やかな、友情的な恋愛。長い時間をかけて、知らず知らずのうちに、愛が育まれる。
アガペ（愛他的な愛）	相手の利益だけを考え、相手のために自分自身を犠牲にすることも、厭わない愛。
エロス（美への愛）	恋愛を至上のものと考えており、ロマンチックな考えや行動をとる。 相手の外見を重視し、強烈な一目ぼれを起こす。
マニア（狂気的な愛）	独占欲が強い。嫉妬、憑執、悲哀などの激しい感情を伴う。

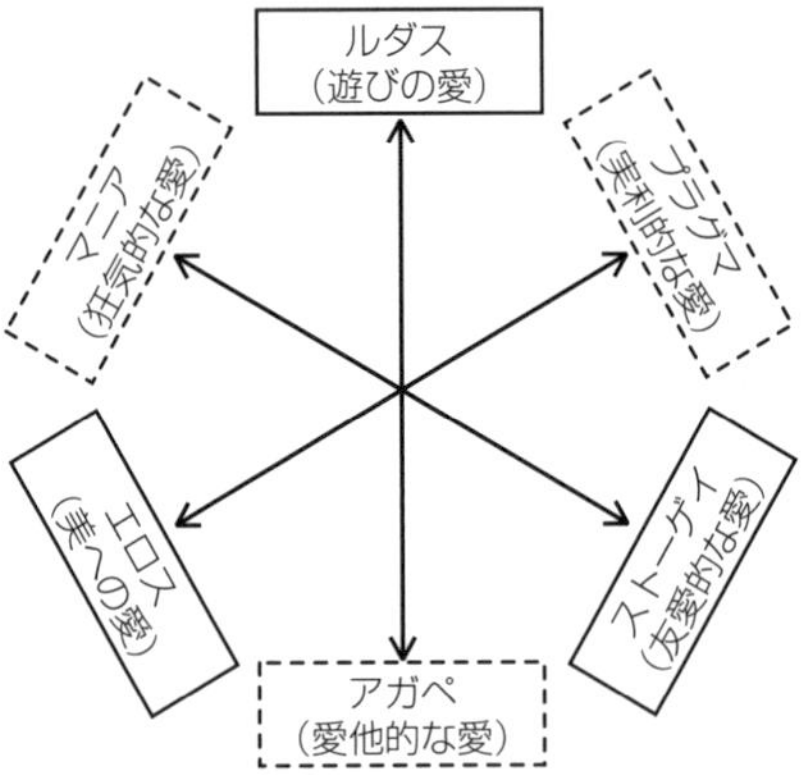

図１　恋愛の色彩理論（Lee, 1977）

は、リー（Lee, 1977）によって提唱された恋愛の色彩理論が挙げられる。リーは、小説や哲学書など恋愛に関わる四千にも上る文献の整理と、青年を対象とした面接調査に基づき、恋愛を表1の六タイプに分類している。リーは、黄、黄緑、緑のように色を順番に並べる色相環を参考に、六タイプを図1のように円状に配置している。エロス（Eros）とストーゲイ（Storge）とルダス（Ludus）の三タイプは基本型（原色）であり、アガペ（Agape）とプラグマ（Pragm）とマニア（Mania）の三タイプは基本型が組み合わさった混合型（混色）である。また、図1において対極に位置するタイプは、補色のように正反対の特徴をもつ。

リーの理論に基づけば、エロスタイプの人は外見を重視し、ストーゲイタイプの人は性格を重視すると考えられる。リーの理論は、各タイプが明確に異なる特徴を有している点や、相互関係を図示できる点などから、多くの研究者の関心を呼び、ヘンドリックとヘンドリック（Hendrick & Hendrick, 1986）や松井ら（一九九〇）などによって測定尺度が開発されている。

子孫の繁栄のために必要な条件による説明——進化心理学

第二の立場は、進化心理学と呼ばれる理論である。進化心理学では、ヒトを含む生物の行動を、「自分の遺伝子をもつ子孫の繁栄」という原理によって説明する。そのため、恋愛も配偶者選択の一種と捉えており、自分の子孫を繁栄させる可能性が高い異性に惹かれると考えている。

バスは一連の研究（Buss, 1989；Buss et al., 1999）で、進化心理学の立場から、恋愛の性差について検討している。恋愛対象を選択する際に重視する内容を調べた研究（Buss, 1989）では、多くの文化で共通して、男性は外見的魅力を重視し、年下の女性を好むのに対し、女性は経済力を重視し、年上の男性を好むことを見出している。また、浮気の内容と嫉妬の強さとの関連を検討した研究（Buss et al., 1999）では、男性は相手の身体的浮気に対して、女性は相手の情緒的浮気に対して、それぞれより強く嫉妬することを明らかにしている。バスによれば、男性は健康で優秀な女性を選択する必要があるため、外見的魅力や若さを重視し、また自分以外の遺伝子の可能性を減らすため、身体的浮気に強く嫉妬する。一方女性は、自分と子どもを一生擁護してくれる男性を選択する必要があるために、年上で経済力のある男性を好み、男性が自分以外の女性にも経済力などを分配しないように、相手の情緒的浮気に強く嫉妬する。

以上の進化心理学の説明に基づけば、男性と女性とでは子孫の繁栄のために必要な異性の条件が異なっており、恋に落ちる理由にも差が生じる。しかし、たとえば外見が魅力的な女性は、他の男性からのアプローチも多い。そのため、自分以外の遺伝子の可能性を低めるためには、魅力的でない女性を選択したほうがよいという正反対の説明をすることもできる。このように「自分の遺伝子をもつ子孫の繁栄」という原理のみでは、相反する説明も導き出せるなどの問題も見られ、さらなる検討が必要である。

恋愛の段階による説明――段階理論

恋に落ちる理由の違いを説明する三つめの立場としては、段階理論と呼ばれる理論がある。段階理論とは、二人の関係が変化していく過程を、いくつかの段階に分けて捉える理論である。段階理論では、段階によって好意を高める理由が異なると考えられている。

たとえば、マースタイン（Murstein, 1970；1977）は出会いから結婚に至るまでの過程を、三つの段階に分けるSVR理論を提唱している。最初の段階はS（刺激）段階と呼ばれ、不特定の異性から特定の異性を選択する段階である。そのため、S段階では外見などの刺激（stimulus）が重要であり、刺激が自分と釣り合っている相手に惹かれやすい。S段階で特定の異性に惹かれた場合、V（価値）段階へと進む。V段階では、会話などを通し、お互いの考えを知る機会が多い。お互いの価値観（value）が似ている場合、二人の仲はさらに良くなり、最後のR（役割）段階に進展する。R段階では、家事などの二人に関わる仕事が発生してくるため、二人の間の役割（role）の分担が重要となる。SVR理論にしたがえば、外見は初期に、性格などの価値観の類似性は中期以降に、それぞれ関係を進展させると考えられる。

日本では、松井（一九九〇；二〇〇〇；二〇〇六）が恋愛の進展を五つの段階に分類している。松井の段階理論は、恋愛中に起こるさまざまな行動のうち、多くの人が経験するものを第一段階と、逆に少数の人しか経験しないものを第五段階としている（次頁、図2）。第一段階では「友愛的会話」「内面の開示」「肩に触れる」などが行われる。第二段階では「デート」「手や腕を組む」「口げんか」が現れる。第三段階になると「ボーイ（ガール）フレンドとして友人に紹介」「キス・抱き合う」などが生じる反面、「別れたいと思った」ことも経験する。第四段階で「恋人として友人に紹介」「ペッティング・性交」をする。最後の第五段階は「結婚の話」「結婚相手として親に紹介」など、結婚に関する段階である。

恋愛行動の進展に伴い、愛情が高まることも明らかにされている。

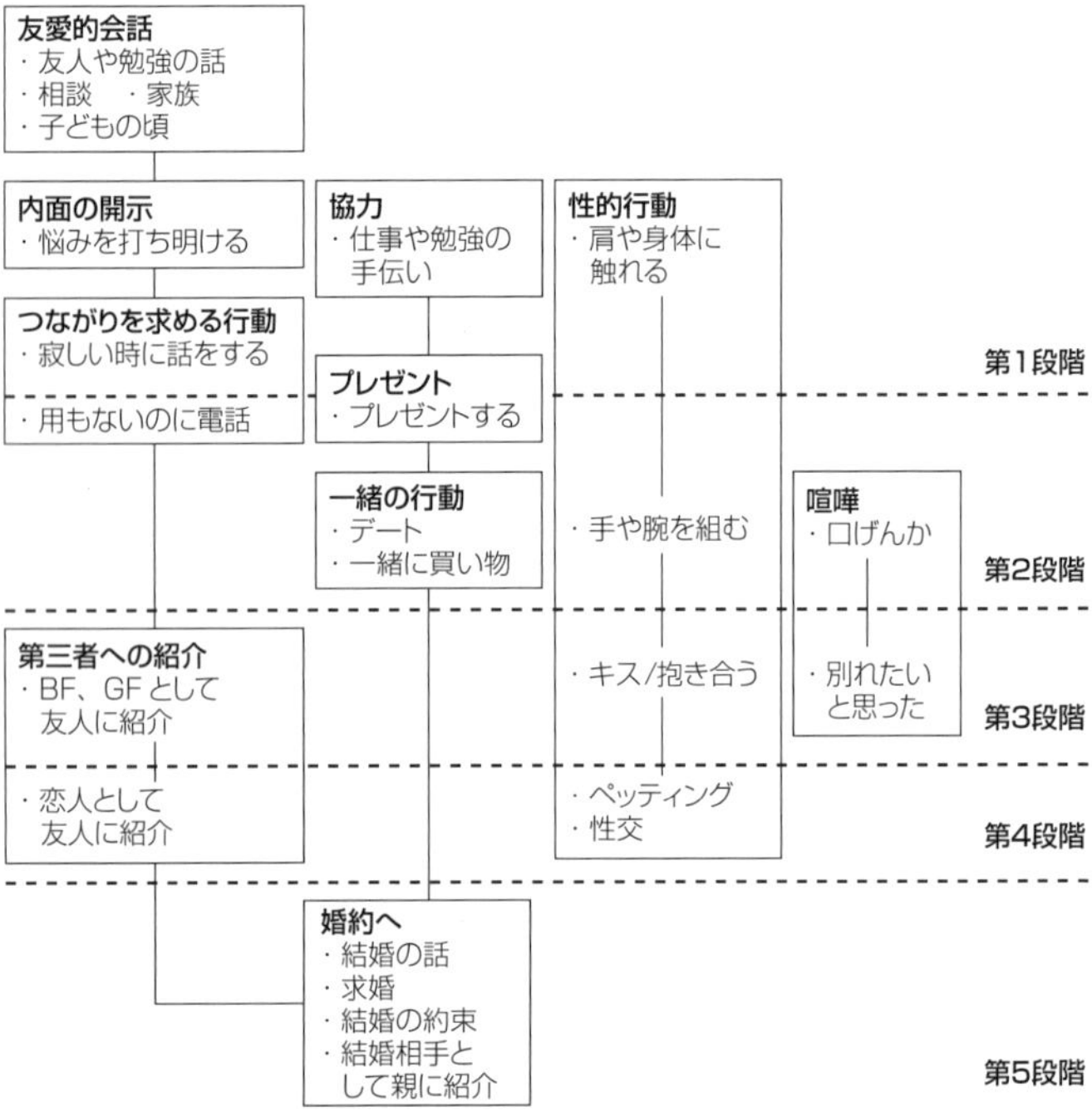

図２　恋愛行動の進展に関する５段階（松井，2006）

恋愛中のネガティブ感情とその対処法

ここまででは、恋に落ちる理由など恋愛のポジティブな側面について説明してきた。しかし、恋愛には、バスが検討していた「嫉妬」や松井の第二、三段階に見られる「口げんか」「別れたいと思った」経験などのネガティブな側面も存在する。本章の最後では、恋愛のネガティブな側面の一つであるネガティブ感情と、その対処法について説明する。

恋愛中のネガティブ感情

立脇（二〇〇七）は大学生を対象にした調査の結果、親しい異性との交際中に感じる四種の感情を見出している。第一は、「好き」「いとおしい」など一般的に恋愛感情と言われる感情の集まりで、「情熱感情」とよばれる。第二は、「頼っている」「尊敬している」など相手の能力や人柄を評価する感情の集まりで、「尊敬・信頼感情」とよばれる。第三は、「不安」「悲しい」など相手と親しくしたいにもかかわらず、そのようにできない際に感じる「親和不満感情」である。第四は、「いらだち」「困る」など相手からの過干渉や自分の不利益が生じる際に感じる「攻撃・拒否感情」である。このうち、親和不満感情と攻撃・拒否感情がネガティブ感情である。さらに交際相手が恋人、片思いの人、異性の友人の場合、それぞれ四種の感情をどの程度感じるのかについても検討されている。その結果、異性の友人にはいずれの感情もそれほど感じないが、片思いの人には情熱感情と親和不満感情を多く感じ、恋人にはすべての感情とも多く感じることが明らかにされた。

異性の友人を好きになり、片思いになると、好きという気持ち（情熱感情）だけでなく、親しくしたいがゆえに生じる不満（親和不満感情）も感じてしまう。さらに恋人になると、相手の良い面を評価する気持ち（尊敬・信頼感情）や、ネガティブな相互作用によって生じる不快感（攻撃・拒否感情）も感じるようになる。つまり、恋愛のネガティブな側面は、ポジティブな側面とともに、関係が深まるにしたがって多く生じるようになっていくのである。

恋愛中のネガティブ感情への対処法

ネガティブ感情は、恋愛関係が深まるにつれ、必然的に生じてくる。しかし、ネガティブ感情に何の対処もしなければ、本人を苦しめるだけでなく、関係を終焉させることすらある。それでは、具体的にどのように対処していけばよいのであろうか。

一つめの対処法は、原因となっている問題について話し合うことである。立脇（二〇〇五）は、相手からの過干渉や自分の不利益などの攻撃・拒否感情の原因について話し合って対処している人は関係に満足しているが、話し合いなどをしないで攻撃・拒否感情を感じる人は関係に不満を抱くことを明らかにしている。話し合いによって問題を解決することだけでなく、仮に解決できなくとも話し合おうとすること自体が関係の継続にとって重要であるのかもしれない。

二つめの対処法は、現在の関係に適した行動をとることである。松井の恋愛段階に基づけば、恋愛中の行動は多くの青年が共通した順序で行っている。第一段階の関係にもかかわらず、「結婚の話」を望んでも、実現することは困難であり、親和不満感情を感じてしまう。まずは「会話」や「自己開示」によってお互いのことを知り、「デート」などを重ね、「友人への紹介」をするなど、あせらずじっくりと愛情を深めることが重要であると考えられる。

Topic 9

恋人ができる人、できない人

象にした調査研究（永房, 2006）では、自分から告白した（したい）“恋愛積極群”と相手から告白された（されたい）“恋愛消極群”の両者を比較した結果、恥意識の高さには統計的に有意な相関関係はなかった。

恋人ができる人が、たとえ告白のアクセルをすぐに踏める人だとしても、必ず相手が交際をOKするわけではない。好きな相手の自尊心が下がったとき（例：振られたとき）や親和欲求（誰かと接したいという欲求）が高まり寂しいとき（例：別れたとき、仲の良い友だちに恋人ができたとき）といった、相手の受け入れ状態のハードルが下がっているときに、告白するという“タイミング”も重要である。

これらから、筆者は、恋愛成就の心理をあえて公式化すれば、「押し×タイミング」だと考えている。“押し”とは、心理学的には、告白行為という自分でコントロールできる「内的統制」を指し、“タイミング”とは、そのとき相手も付き合いたいと思っていたという幸運、すなわち自分ではコントロールできない「外的統制」を指す。どちらがゼロでも恋人には発展しない。好きな人を射止めるには、押しとタイミングの両方が大切である。（永房典之）

恋人ができる人は、受け手として好かれる“モテる人”と、為し手として狙った異性をつかまえる“射止める人”に分けることができる。

デートに誘われるモテる人の特徴は、初対面では男女ともに身体的魅力である（Walster et al., 1966）。しかしながら、恋人同士には、美女と野獣といった恋人カップルもみられる。つまり、恋人カップルの両方が必ず容姿が魅力的というわけではない。では、容姿が魅力的ではなくても、恋人を射止められる人と逃がしてしまう人では、何が違うのであろうか。

一つには、社会的スキルとしての異性関係スキル（堀毛, 1994）が考えられる。女性では、開示・受容（例：かざらない自分を見せる、相手のいっていることに耳をかたむける）という行為、男性では、情熱・挑発（例：さりげなく体に触れたり、手を握ったりする）といった行為などのスキルの巧拙である。そのほかには、告白できるかどうか、という違いも考えられる。結婚という夫婦関係には法的な契約関係が必要なのに対して、恋人関係には、告白行為という“好き宣言”が、情緒的な契約の関係開始に必要だといえる。その告白ができやすい人は、「告白はかけひきの始まり、エントリーにすぎない」ととらえ告白のアクセルを踏めるが、告白ができにくい人は、「告白とは最後の審判、断られればそれで終わり」と告白のブレーキを踏んでしまうという特徴がある（菅原, 2006）。とくに、片思いで好きな人が、すでにバイトやクラスなどの仲間や友だち関係だった場合、その仲間・友人関係の崩壊をおそれてブレーキを踏みやすいと考えられる。そのほか、断られたら「恥ずかしい」から告白しないことも考えられるが、女子大生を対

なぜ人は痩せたがるのか？

第10章

Key Word
ボディ・イメージ
ダイエット
痩身願望

鈴木公啓
すずき ともひろ

一億総ダイエット？

日常生活にあふれるダイエット関連メッセージ

痩せやダイエットに関する情報、商品、そしてサービスが日常にあふれている。あらゆるメディアにおいて、痩せへの欲求をかきたてられるようなメッセージが流されており、痩せる方法と銘打ったハウツー本が書店の店頭に平積みにされている。そして、ニュースにも頻繁に登場している。ダイエット商品の健康被害、テレビ番組におけるダイエット効果実験のねつ造、そして、痩せすぎのファッションモデルのファッションショーへの出演禁止を求めた政府や学会等とファッション業界の論議も記憶に新しい。このように、痩せやダイエットに関するニュースに事欠くことはない。生活習慣病と関連するメタボリック・シンドロームという用語も流行しており、健康面からもその関心は高まりつつある。いまや、痩身、そして、痩身のために行われるダイエットは、女性（と一部の男性）の一大関心事ということができるであろう。なお、ダイエットは

「見た目を細くしたり体重を減少させること、もしくは、その細くした体型や減少した体重を維持することを主な目的として行われる行為」（鈴木、二〇〇八）と定義されている。

日本人女性のスリム化

日本に痩せ志向が入り始めたきっかけは、一九六七年のツィギーの来日とされている。ツィギーは、ミニスカートのキャンペーンのために来日したファッションモデルであり、「小枝のような体」という譬えがぴったりの身体であったとされている。ちなみに、ツィギーのボディサイズは身長一六七cm、バスト七五・五cm、ウエスト五五cm、ヒップ八四・五cmであり、当時、そして現代においても、標準に比べ非常に細い体型であることがわかる。それ以降、日本には痩せを好しとする考え方が広まってきたといえる。

それでは、痩せを好しとするようになった日本人女性の体型はどのように変化してきたのであろうか。図1（次頁）は、厚生労働省の「国民栄養調査」および文部科学省の「学校保健統計」の一九四七年から最新の二〇〇四年までのデータをまとめたものである（「社会実情データ図録 Honkawa Data Tribune」の「日本人の体格の変化（BMIの推移）」）。BMI（Body Mass Index；体重（kg）／身長（m）^{2}）は、痩せ具合や太り具合を表す指標であり、日本肥満学会の基準（松澤ら、二〇〇〇）においては、最も疾病の少なく健康的であるBMI二二を標準としている。図1からわかるように、男性は年々BMIが増加してきているのに対し、女性はBMIが低下してきている。特に二十代の女性のＢＭＩが年々低下し続けており、ここ十年ほど二〇・五前後を推移していることがわかる。なお、三十代と四十代の女性も、一九七〇年頃を境にＢＭＩが減少しており、十七歳の女性のＢＭＩは微妙な増減を繰り返している。

今度は、国際データとの比較を行ってみたい。図2は、三十九カ国における痩せすぎの女性（ＢＭＩが一八・五未満の）の比率と国民一人当たり所得（ＰＰＰ換算したＧＤＰ）との関係をまとめたものである（「社会実情データ図録Honkawa Data Tribune」の「痩せすぎ女性比率の国際比較」）。食

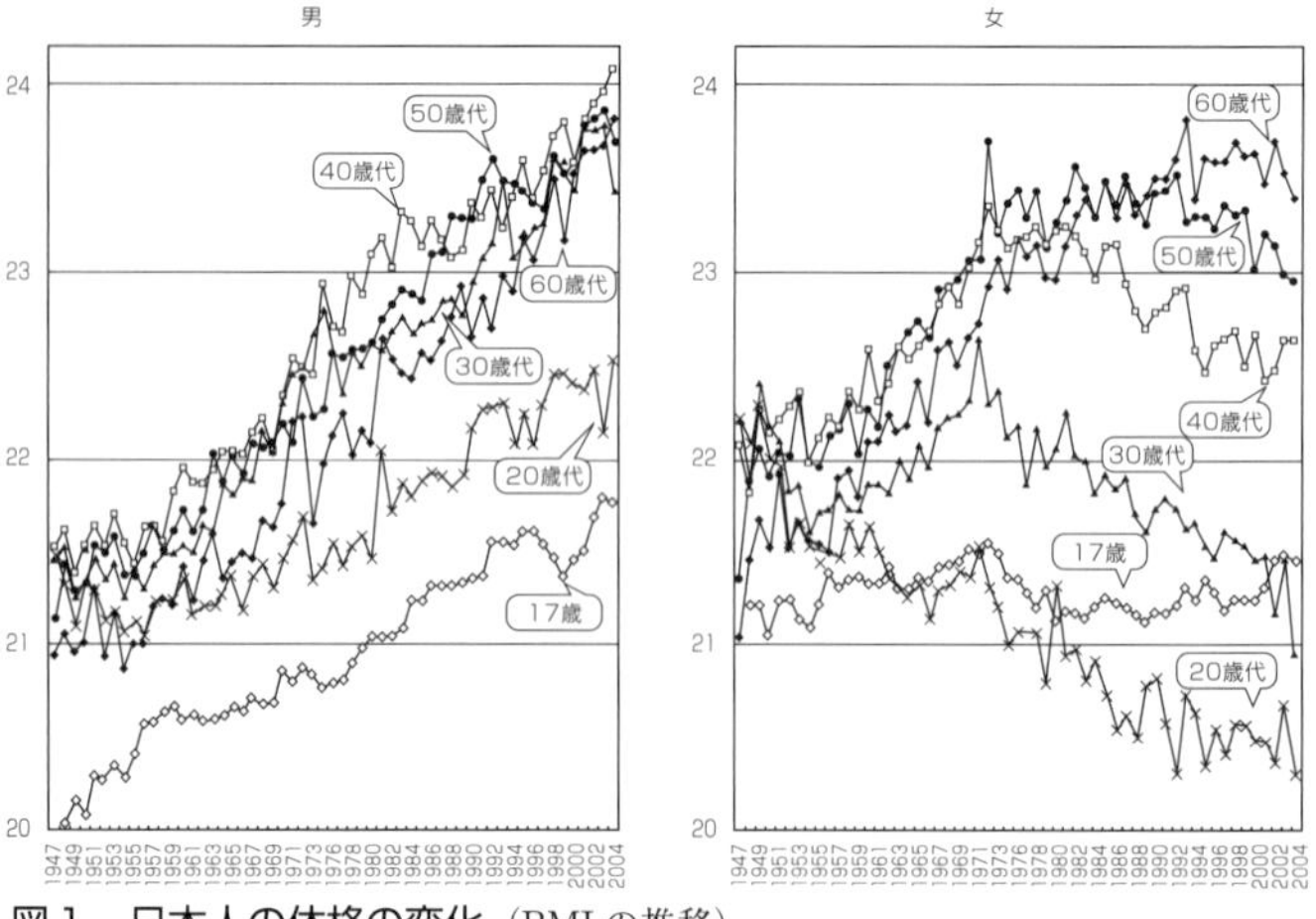

図１　日本人の体格の変化（BMIの推移）

（注）BMIは体格指数で体重を身長の２乗で割ったもの。25以上は「肥満」、18.5以下は「やせ」とされる。

1987年までの20～29歳は20～25歳の各歳データ及び26～29歳データから算出。

（資料）国民栄養調査（厚生労働省、1974年調査なし）、学校保健統計（文部科学省、17歳）

糧事情の関係もあり、GDPが低い国では、BMIが低い傾向を示している。日本は、三十九カ国の中で十位ではあるが、GDPが高い国においては突出している。もちろん、人種の違いによる骨格の違いもあるため一概にいえないとはいえ、これは同じアジアである韓国の二倍であることも考慮すると、日本の女性がいかに痩せているかが明確であるといえる。このように、現代の日本人女性の体型は、年々痩せ型

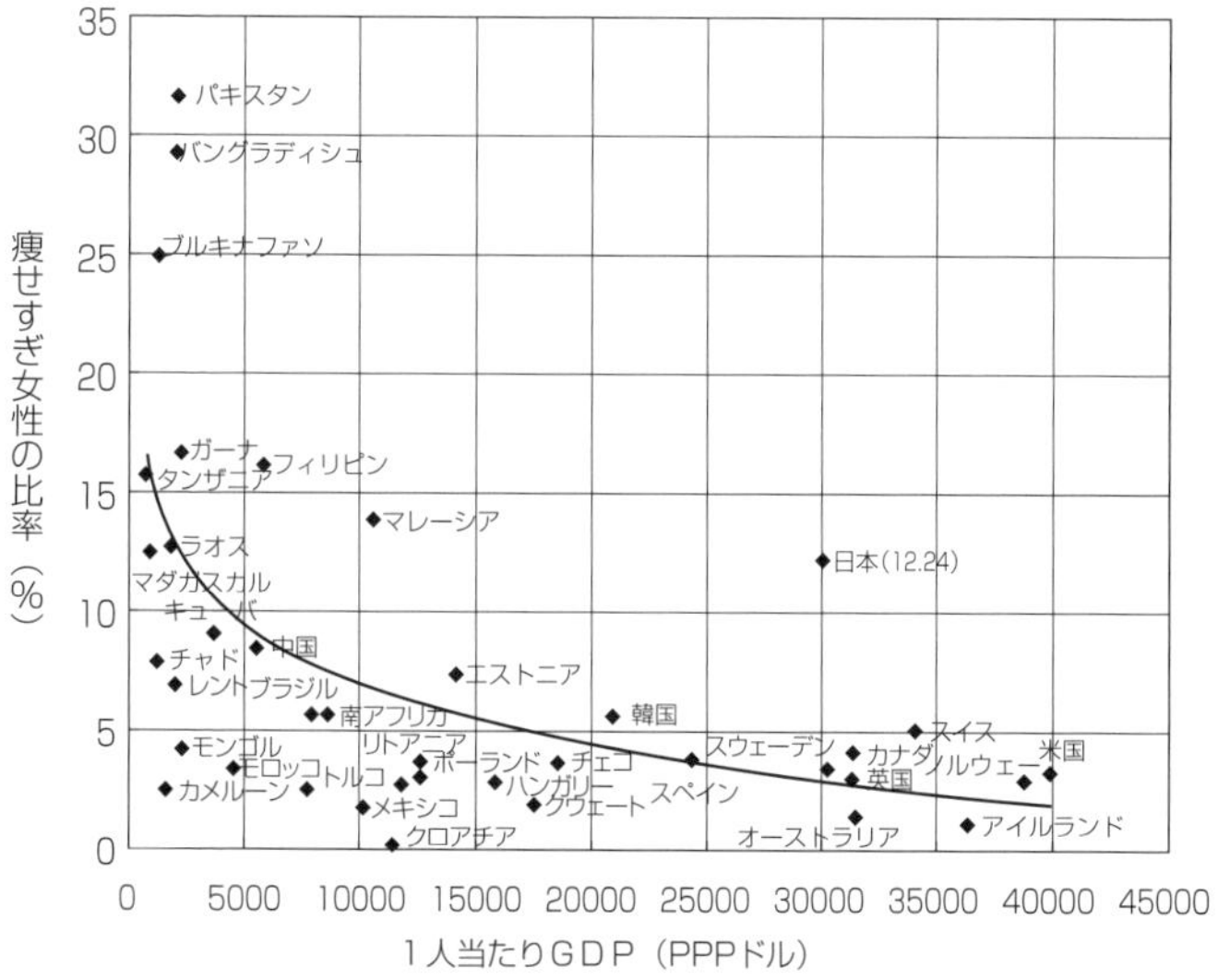

図2　痩せすぎ女性比率の国際比較

（注）痩せすぎ女性（BMI18.5未満）の比率はデータが得られる最新年。1人当たりGDPは2004年。

実線は対数近似回帰線。

（資料）WHO GLOBAL DATABASE ON BODY MASS INDEX（BMI）2006-9-8

1人当たりGDPは、WHO Core Health Indicators 2006-9-8

になってきており、世界的に見ても、極めて痩せているといえる。ここから先は、痩身願望の強さやダイエット経験の多さが顕著な、若年女性を中心に述べていくこととする。

体型、体型に対する認識、そして痩身願望

先に述べたように、現代の若年女性は痩せた体型であるといえるが、彼女らは自分の体型についてどのように認識しているのであろうか。体型に対する認識については、大学生や短期大学生、また、専門学校生などを対象とした調査が数多く行われている。それらの調査においては、実際には太っていなくても太っていると認識する女性が多いこと、また、痩せていても太っていると認識する女性が多いことが明らかになっている（たとえば、平野、二〇〇二；切池ら、一九八八；桑原・栗原、二〇〇三；中尾・高桑、二〇〇〇）。この傾向は、より低年齢、具体的には小学生や中学生にも見受けられ、たとえば、近藤（二〇〇一）は、中学生の女子は約半数が太っていると認識していたと報告している。このように、若年女性は、痩せや普通の体型であっても、太っていると認識しているが、こうした日本人の身体についての認識は、世界の中で極めて特徴的であるという報告も散見される（馬場ら、一九八一；藤瀬、二〇〇一；中井、一九九七）。

それでは、女性はどのような体型をめざしているのであろうか。大学生や高校生などを対象とした数多くの調査において、痩せたいとする者は多いことが報告されているが（馬場ら、一九八一；桑原・栗原、二〇〇三；山口ら、二〇〇〇）、太っている人のみならず、平均的な体型であ

ったり、痩せていたりしても、さらに痩せたいと考えている者が多いことが明らかになっている（平野、二〇〇二；中井ら、二〇〇四；中尾・高桑、二〇〇〇）。この痩せたいという気持ちのことを痩身願望（Drive for Thinness）といい、「自己の体重を減少させたり、体型をスリム化しようとする欲求で、食事制限、薬物、エステなどさまざまな痩身行動を動機付ける心理的要因」（馬場・菅原、二〇〇〇）と定義されている。

痩せたいという理由

痩せるとよいことがある？

多くの者が体型に不満をもち、痩せようとしているわけだが、そもそも、なぜ痩せようとするのであろうか。痩せることによって得られるメリットや痩せていないことによるデメリットを意識しているからこそ、痩せようとし、また、痩せるためにダイエットを行っていると考えられる。馬場・菅原（二〇〇〇）は、痩せた場合のメリット感、現体型のデメリット感を扱い、それらが痩身願望に及ぼす影響について検討を行っている。結果、痩身願望は痩身のメリット感によって直接規定され、また、メリット感がデメリット感を媒介していることを示している。しかし、この研究では、そのメリット感とデメリット感の内容は細かくは検討されていない。

美か健康か

痩せた場合のポジティブな面、つまり、痩せのメリットには、どのような種類があるのだろうか。言い換えると、どのようなメリットを求めて痩せようとしているのであろうか。"Thin is beautiful" という用語があるように、痩せていることは美しいことという社会規範があり、その美の基準を満たすために痩せようとしている場合もあろう。または、生活習慣病を予防するために痩せようとする場合もありうる。つまり、美か健康か、ということである。外見を意識して痩せようとしているのか、それとも、身体機能を意識して痩せようとしているのか、そこが痩せメリット意識を明らかにするうえでまず第一のポイントとなる。現代若年女性の実際の体型を考慮すると、肥満解消という健康面のみを目的として痩せようとしているわけではないと考えられるが、実際にはどうであろうか。

これまでの研究結果をみてみると、やはり、若年女性は健康よりも美の獲得が主な理由となっているようである。渡辺ら（一九九七）は、高校、専門学校、短大、大学の女子学生を対象とした調査を行い、痩せたいと回答した者の約六〇％が容姿を理由に挙げ、健康を挙げた者は二％弱しかいなかったとしている。また、野口ら（一九九九）は、大学生を対象とした調査を行い、ダイエットの理由は、圧倒的に健康よりもスタイル優先であったとしている。このように、日本の若年女性は健康よりも容姿のために痩せようとしているといった報告が多い。

著者が大学や看護専門学校の女子学生九十六名を対象に、痩せたいという気持ちを他の言葉で表現してもらったところ、足を細くしたいとか無駄な脂肪を無くしたいといった、体を細くしたいといった痩身そのものが四五％であったが、残りの内容で最も多かったのは、美しくなりたいとかキレイになりたいといった美に関するものであり三九％であった。このように、日本の若年女性は、痩せ＝美と考えているようである。

もちろん、これらの研究の対象である若年女性よりも上の年代を対象にした場合は、異なった結果になる可能性もある。肥満が社会的問題になっているアメリカなどでも、健康面が第一に出てくるなど、別な結果となる可能性もある。日本においても、生活習慣病が問題となってきている中年男性においては、健康面が第一に出てくる可能性があろう。

他者の目と自分の目――評価される身体

痩せの目的が美だとしても、その達成（痩せること、痩せた体型になること、つまり、美しくなること）によりどのようなメリットがあると考えているのであろうか。ここでは、他者の目や自分の目という観点が、痩せメリット意識を明らかにするうえでの二つめのポイントとなる。

杉森（一九九九）や羽鳥（一九九九）は、痩せメリットについての分類を行っており、そこでは、対人関係の向上や自己価値の確認、そして、ファッションの向上などが含まれることを明らかにしている。つまり、身体面の変化だけでなく、他者からの肯定的な評価や自信の増加など、他者や自分の目に映ることをとおした痩せた体の心理的なメリットが含まれていることが明らかになっている。これらは青年期女子を対象とした調査であるが、中学生を対象とした廣金ら（二〇〇一）は、中学生女子の痩せたい理由に、自信をもてるといったものが含まれることを明らかにしている。著者による大学や看護専門学校の女子学生百名を対象とした調査においても、同様に、他者の目や自身の目を通した評価や、ファッションの向上についての内容が含まれることが確認されている。

このように、痩せることによって他者や自分自身の評価が向上し、他者から賞賛されたり自信がもてるといったメリット意識が存在するようである。そして、そのメリット意識があるからこそ、多くの女性は痩せたいと思い、また、ダイエットを行っているといえる。

痩せてることは美しい？

女性の目と男性の目

これまで述べてきたように、痩せ願望やダイエットの背景には、痩せると魅力的になり他者から肯定的な評価が得られるという意識が存在するようである。しかし、実際に人々は痩せた女性を魅力的と思っているのであろうか。どうやら、これに関しては、男性においては、ノーのようである。

鈴木（二〇〇六）は、大学生を対象とし、若年女性自身、また、若年男性がどのような体型を魅力的と判断しているかについて、Japanese Body Silhouette Scale type-I（J-BSS-I）という、身体についてのイメージを測定するツール（巻末「勉強や研究に役立つ心理尺度」参照）を用いた研究によって、検討を行っている。その結果は興味深いものとなっている（表1）。値はBMIに換算したものだが、女性が平均と思う体型より、また、男性が魅力的と考える体型より、痩せた体型（BMIで一七・七）を女性自身は理想としていることが明らかになった。これは、巷でモデル体型と言われている一八より小さな値であり、モデルやミス・ユニバース・ジャパンのファイナリスト（最終選考会候補者）たちに近い値である。なお、摂食障害の一つである神経性食思不振症（いわゆる拒食症）の診断基準の一つにBMIが一八以下というものがあるが、それよりも小さな値である。

このように、女性は他の人よりも痩せた体型（これ自体が歪んでいるのであるが）を理想としているが、決して男性はそこまでの痩せを求めているわけではない。いくつかの研究において、同様の結果が得られている。

痩せることの問題

同性や異性がどう思おうとも、痩せた体型になりたいと願う女性は多いか

表1　現実の体型とボディ・イメージの評定値の平均値（BMI）

女性の現実の体型	20.5
女性が平均だと回答した体型	18.9
女性が理想と回答した体型	17.7
男性が魅力的と回答した体型	19.0

もしれない。しかし、痩せすぎや、ダイエットの繰り返しは問題を生じる場合もある。栄養素の不足により肌は荒れ、髪はパサパサになってしまう。また、貧血を起こしたり、生理が止まってしまうこともある。ダイエットの成功とリバウンドを繰り返すことにより、むしろ痩せにくい体になってしまうこともある。しかしなによりも、ダイエットの方法自体に危険なものもあり、そのことにより体調を崩したり、場合によっては死に至ることもある。摂食障害に陥ってしまうこともある。また痩せるためにダイエットをしていると、そのことばかりが頭に浮かんできたり、集中力が低下したりする。なにより、楽しく食事をすることができない！　食べ物を美味しく楽しく食べることは、人生の中で重要なことである。痩せて肥満を解消するという健康面からの必要性がある場合はともかく、痩せることは決してよいことばかりではない。

痩身願望との付き合い方

なにごともそうであるが、ものごとには限度があり、また、適切な状態というものがある。より痩せた体型をめざし、それが達成されたからといって、よいことばかりがあるわけではない。そもそも、平均より痩せた体型を「ゴール」としてそのゴールをめざしたとしても、多くの人が痩せをめざしている現在では、不毛なことともいえる。皆が痩せた体型をめざしてダイエットを行い、その結果、皆がそれなりに痩せたとしたならば、結局は、より痩せた体型が平均となる。そのため、ゴールはさらに痩せた体型へと移っていくことになる。つまり、結果として、延々とゴールが目の前から遠ざかることとなり、いつまでもたどり着けない。また、もし他の人に比べてとびぬけて痩せた体型になったとしても、段々と後ろから迫ってくる（段々と痩せてきている）皆に追われる形で、さらに痩せた体型を目標としてしまうこともあろう。そのような場合、これまたゴールが遠ざかることにもなる。このように、どこまでいってもキリがないこととなりかねない。美を目指すのは、時代や文化を超えた女性（そして一部の男性？）のサガであるが、きりのない目標をめざした行動はいつか破綻する。なにごとも、楽しく、問題がない範囲で、現実的な妥協を視野に入れながら美を求めることが、より良い人生のためには必要である。

Topic 10

無茶食いとダイエット

魅力があるとされる痩身を理想化するといった「痩身理想の内面化」から生じる「身体不満（body dissatisfaction）」と、「BE」が、二本の経路で結ばれているというものである。「身体不満」から「BE」に至る経路の一つに、「ダイエット」がある。

このダイエットからBEの関連を説明する理論として、野上（1987）の「反動説」がある。これは、食を減量の妨害因子として捉えることで、食に対する抑制が生ずるが、それが限界に達するとき、BEが出現してくるという理論である。この理論に当てはめてスタイスのモデルを考えると、ダイエットを行う人はそもそも自己に対する「身体不満」がある。そして、痩せたいがために効果的な体重減少方法である食事制限を行い、自制を続けていると、そこに何らかの抑制の破綻が生じたとき、反動としてBEが起こる。すなわち、無理なダイエットがBEの引き金になると考えられる。

では、なぜ若い女性たちの間でBEが増加しているのであろうか？　田中（2001）は、痩せを好しとする「痩せ志向文化」の存在を指摘しており、その文化の流布と助長にはマスメディアや身近な人たちが加担しているという。その結果、若い女性の間で、痩身のメリット意識や、スリムになろうという意識が高くなり、「ダイエットブーム」が起こっているのである。そして、ダイエットによって食事制限を行い、その摂食の自制の破綻や反動の結果、BEが生じてしまうという。BEは「痩せたい」と願う現代の若い女性たちにとって陥りやすい落とし穴といえるだろう。　（幸田紗弥華）

神経性大食症（過食症）は1979年に初めて報告され、過去20年間で急増した疾患である。近年、過食症といった病的まで至らないが、過度の食物を摂取するといった「過食傾向」が特に若い女性たちの間で多く見られる。精神医学的にはこれは「Binge-eating（以下、BEと略）」と言われており、「無茶食い」と訳され、過食症の中心症状として位置づけられている。BEは、「短時間に大量の食物を摂取すること」「その間は、食べることを抑制できないという感覚をもつ」といったエピソードの繰り返しによって特徴づけられる。

若い女性たちの間で急増しているBEは、何に起因しているのだろうか？　BEの主たる要因として、従来から「ダイエット」と「ストレス」が挙げられている。BEのメカニズムに関する研究では、特にスタイス（Stice, 1994;2001）の研究が注目されている。スタイスは、①BE、②ダイエットと、③ストレスの結果として生じるネガティブ感情との三者関係について検証し、BEの社会的・文化的なモデルとして「二重経路モデル」を提案している（図1）。これは、痩せた体型を称賛する「社会的圧力」や、社会的に

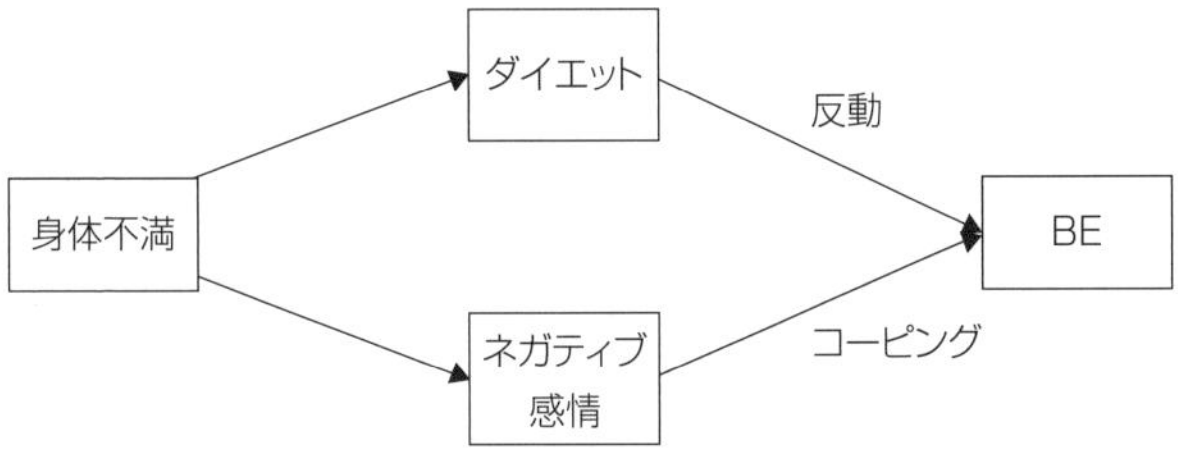

図1　二重経路モデル（Stice, 1994 ; 2001）

なぜ人はネットにはまるのか？

第11章

Key Word
CMC
インターネット
対人不安

西村洋一
にしむら よういち

インターネットのある生活

インターネットは、すでにわれわれの生活の中でなくてはならないものとなっている。パーソナルコンピューター（以下ＰＣ）や携帯電話を用いて、多くの人がインターネットにアクセスしている。電車に乗れば、多くの人が携帯電話を使ってＥメールを見たり打ったりしている光景が目に入ってくるだろう。なかには、歩きながら使っている人までいたりする。インターネットに接続できるＰＣがあれば、すぐにお気に入りのサイトに行って、他者とコミュニケーション（メールを送ったり、コミュニティで書き込みをしたり）をするのが当たり前のようになっている。このように若者を中心に、インターネットの利用は、生活の中心、そして他者と関わるための重要なツールとなっていると感じられる。もちろんインターネットには、他者とのコミュニケーションを行う機能以外にも、ショッピングをしたり、自分の知りたい情報を探したりと、多くの機能がある。ただし、インターネットができた当初から、その利用の多くがメールを送ることであったという逸話が示すように（ばるぼら、二〇〇五）、他者と関わりたいという人々がもつニーズを満たす役割をインターネットは果たしているようである。そこで本章では、インターネットの特徴と人間関係への影響を中心に、インターネットのもつ魅力について考えてみたい。

インターネットの特徴

インターネットにはどのような特徴があるだろうか。技術の進歩により画像や動画を用いることも可能となってはいるが、インターネット上でのコミュニケーションは、文字を用いることが多いだろう。インターネットがもつ主な特徴は、表1に示したものが挙げられる。

いくつか詳しく見ていくと、まずは匿名性が高いという特徴がある。このようにお互いに不確かな状態でコミュニケーションを続けるということは、他のメディアではなかなかないことである。文字だけでコミュニケーションを行う際には、自分の外見、容姿に関してあまり気にする必要がない。自分がどのような服装をしているかといったことは相手にはわからないし、自分の外見に引け目を感じ

表1　インターネットの主な特徴

- 高い匿名性
- 外見や容姿への懸念の低減
- 少ない非言語的情報
- コミュニケーションする時間とペースのコントロールの増大
- コミュニケーションする際の地理的な制約からの解放
- 自分と類似した他者を見つけることの容易さ
- 自己呈示のしやすさ

ている人であっても、外見への懸念をそれほど強く感じずにすむだろう。

インターネット上において高い匿名性の状態で他者と関わる中で、タークル（Turkle, 1995）のように、いろいろな役割を演じ、さまざまなアイデンティティを試すことができるという利点を挙げる研究者もいる。オフラインの状況でいろいろな役割を試すということはなかなかむずかしいが、インターネット上では、それが容易に行えるわけである。また、インターネット上での他者とのコミュニケーションは、自分が他者に見せたい部分を自分の思うように示すことができるという利点がある（自己呈示のしやすさ）。特に、ワルサー（Walther, 1996）の指摘するように、メールなどのような相手にメッセージを伝えるまでに十分な時間をかけ、内容の吟味がしっかりとできる場合は、相手に対して自分の望む印象を与えやすいと感じる可能性が高い。これは、相手からどのように思われているかということについて気になったり、ネガティブに捉えてしまう人にとっては、有益な点であるだろう。

インターネットにおける人間関係の形成

このような特徴をもつインターネットにおいて、人間関係はどの程度形成されているのだろうか。インターネット上において匿名性の高い状態で、見知らぬ他者と関係を形成することに対しては、否定的な見解が存在することも確かである。インターネットのように非言語的情報などの情報量が少ないメディアにおいて、他者と確かな関係を築くことはむずかしいとする見解である。これまで多くの調査において、インターネット上での人間関係がどのようになっているのかについて検討されているので、その結果に基づいて考えてみたいと思う。

パークスとフロイド（Parks & Floyd, 1996）は、インターネットにおける一種の電子掲示板システムであるネットニュース上のさまざまなニューズグループに参加している人を対象に調査を行った。その結果、実に約三分の二の人（六〇・七％）が、ニューズグループで初めて出会った人と人間関係を形成していると報告したのである。また、人間関係を形成した相手と自分の性別から見てみると、同性同士の関係と異性との関係の割合は、ほとんど差が見られなかった（恋愛関係は少なかったが）。

インターネット上で、人間関係を形成している人が少なくないことが示されたわけだが、インターネット上での人間関係の形成を否定的にみるならば、その人間関係が希薄なものでしかないのではないかという指摘は可能であろう。その点に関して、パークスとフロイド（1996）やパークスとロバーツ（Parks & Roberts, 1998）は、人間関係形成に関する理論的観点から、関係の「相互依存」「幅」「深さ」「コミットメント」といった観点より、インターネット上で形成された人間関係を評価してもらった。その結果、人間関係の発展に関わる多くの次元について、必ずしも低い評価がされておらず、オフラインでの人間関係と比べて、遜色のない人間関係が形成されていることを示した。さらに、ワルサーとバーグーン（Walther & Burgoon, 1992）によれば、直接対面でコミュニケーションを行うのに比べて、お互いに一度にやりとりできる非言語的情報などの情報量は確かに少ないが、時間をかけてコミュニケーションを行うことで、それらは十分克服でき、親密な関係を築くことが可能である。

インターネット上での人間関係は、オフラインでの人間関係と異なり、関係を解消するのが比較的容易であることは確かであろう。そうであるならば、インターネット上で人間関係を形成したとしても、多くの関係はすぐに終わってしまっているのではないかという予想もできる。マッケンナら（McKenna et al., 2002）は、インターネット上で人間関係を形成した人たちについて、二年間の追跡調査を行った。その結果、「知り合い」「友人」「恋人」といった関係を合わせて見てみると、全体の七五％が継続していた。この結果より、インターネット上で形成された人間関係は、オフラインでの人間関係と比べても、かなり安定したものであることがわかる。

さらに、インターネット上で形成された人間関係は、インターネット上にのみとどまっているわけでもないようである。マッケンナら（2002）は、インターネット上で関係を形成し、そこから「直接会う」までに至るプロセスを、インターネットが提供する安全性と統制力が徐々に失われ、その代りに現実性と親密性が獲得される過程として、次のように図式化している（図1）。

これらの結果を見てみると、インターネット上における人間関係の形成に否定的な立場の見解と異なり、インターネット上では実際に人間関係が形成されており、それは必ずしも希薄なものばかりではないことがうかがえる。さらに、インターネット上の人間関係はその場にのみにとどまらず、その他のメディアの利用、さらに実際に対面するまでに至ることで、利用者のオフラインにおける人間関係にまで影響を及ぼすこともあるのである。

インターネットにおける人間関係形成を促進する要因

インターネット上で人間関係を形成する際に、インターネットであるからこそ、関係の形成をより促進するように作用する要因がいくつか存在する。ここでは、自分のことをありのままに他者に伝える「自己開示」を取り上げる。他者と親密な関係を築くために、自己開示は欠かせない要因であるが、ジョインソン（Joinson, 2001）が実験で示したように、インターネットのようなコンピューターを介したコミュニケーションは、自己開示を促進するといわれている。この自己開示に関わるものとして、マッケンナら（2002）は、「true self（本当の自己＝多くの場面では表すことはできないが、現実の自分であると信じる自己の部分）」という概念を取り上げている。インターネットというメディアは、この「本当の自己」を表し

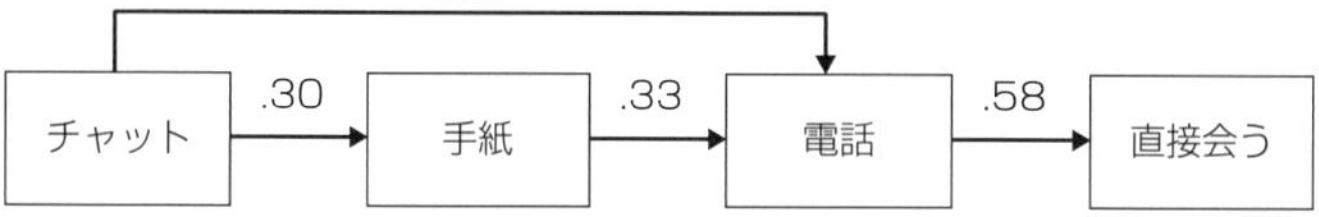

図1　インターネットから直接会うまでのプロセス（マッケンナら，2002）
※数値が1に近いほど関連が強ことを表している。

やすい状態にし、そのことが、インターネット上でよりスムーズに速く、そしてより親密な関係を築くように影響することを示している（Bargh et al., 2002 も参照のこと）。初対面の人に直接対面で出会ったときに、いきなり普段は見せない自分をあらわにするのはかなり勇気がいることだろう。しかし、匿名性など前のセクションで挙げた特徴をもつインターネットというメディアを利用することで、利用者はあまり懸念を感じることなく普段は出せない自分を他者に表すことができるようになり、これをお互いに重ねていくことで、急速な人間関係の発展がなされる作用があることをこれらの知見は明らかにしている。

携帯電話によるメール利用の効果

若者を中心に、携帯電話によってEメールを利用するという機会が非常に多いものとなっているが、携帯電話によるメール利用（以下、携帯メール）はどのような特色・効果があるのだろうか。携帯メールのメディアとしての特徴は、PCのEメールと多くの部分が共通しているが、携帯メールの特徴も存在する。それらを列挙すると、やり取りをする相手が親しい人（友人や家族など）にだいたい限られていること、携帯メールのほうが、内容がより個人的で、ある時点での思いつきなどの何気ないものとなっていること、持ち運びの容易さからコミュニケーションを行う際の空間的、地理的制約がより少ない、などといった点が挙げられる。

このような携帯メールが対人関係に及ぼす影響を検討した調査結果がいくつかある。まず、大学の新入生において、入学後の友人への携帯メールの送信数が増加すると、孤独感の低下につながる（五十嵐・吉田、二〇〇三）。さらに、携帯メールの使用は、既存の対人関係（友人や家族）の結び付けを強める働きをしているようである（小林・池田、二〇〇五）。さらに、普段会えない遠くにいる友人との関係においては、携帯メールによる「単なるおしゃべり」をすることが関係の満足を高めていた（古谷・坂田、二〇〇六）。携帯電話や携帯メールの使用は、特に若者の人間関係の希薄化を進めてしまっているという主張もあるが、これらの調査結果をみると、携帯メールの利用が利用者の人間関係（特に既存の関係）にとってポジティブな影響を及ぼす側面があることがわかる。

インターネットから離れられない⁉

これまでの説明において、インターネット上で他者と出会い、人間関係を進展させることは比較的容易であり、さらに促進する作用があることも示してきた。インターネットは、自分と類似した他者と、安全な状態で関わる機会を提供しているわけである。これは多くの人にとってメリットであると考えられるわけだが、特に、日常の対人関係に困難を抱える人にとって、大きなメリットとなるという主張がなされることがある。たとえば、日常生活では他者と関わる際に強い不安を感じてしまってうまく関われない「対人不安」の高い人や、他者と関わる機会が乏しいといったように「孤独」な人にとって、インターネットを利用することは大きなメリットとなるということである（たとえばMcKenna & Bargh, 2000など）。しかし、よい機会を提供するだけでなく、それが高じて離れようと思っても離れられないなど、かえってまずい結果を招いてしまう可能性の存在を主張する声もある。「インターネット依存」「インターネット中毒」という言葉についてはマスメディアをにぎわすこともあるので、目にしたことがあるかもしれない。その概念についての是非は別にして、インターネットを乱用してしまう人は確かにいるようである。そして、たとえばカプラン（Caplan, 2002 ; 2003 ; 2007）が示すように、対人不安や孤独といった要因がインターネットの乱用と結びつくリスクとなるという主張やそれを示すデータも存在する。

インターネットというメディアのもつ高い匿名性や自己呈示のしやすさといった特徴は、確かに対人不安の高い人や孤独な人にとってメリットとなるものである。実際、ＰＣを介して見知らぬ他者とコミュニケーションを行ってもらい、対面時と不安の程度を比較してみると、対人不安の高い人も、低い人も対面よりも不安が低いことが示されている（図2、西村、二〇〇五）。

しかし、実際に対人不安の高い人などが、インターネットというメディアを常に対面より好み、インターネットを利用することで、すぐに積極的に他者と関わるようになるかというと、そう単純ではないようである。インターネットの利用行動は、動機づけやメディアへの態度、あるいは実際に形成された他者との関係のありようなど、多くの要因が絡んでいる。対人不安の高い人であっても、インターネットの利用動機やメディアへの評価・態度によって、インターネット上での他者との関わりは異なるようである（西村、二〇〇三）。インターネットにはまる、あるいは離れられなくなるのはなぜかということを考える際には、多くの要因を吟味し、考える必要があるだろう。

インターネットでうまく他者と関わるためには

これまで見てきたように、インターネットというメディアのもつ特徴には、他者と関わり、人間関係をつくっていく上で、大きな魅力がある。しかし、インターネットを利用すれば、必ず他者と適応的に関わりがもてるかというと、そうではないだろう。インターネットを利用する中で、人間関係が悪くなってしまったり、さらには、不幸な事件が起きてしまったりすることもある。インターネットを利用することで得られる結果は、それがポジティブなものにしろ、ネガティブなものにしろ、メディアの特徴がすべてを決めているわけではない。これまでのところで示して

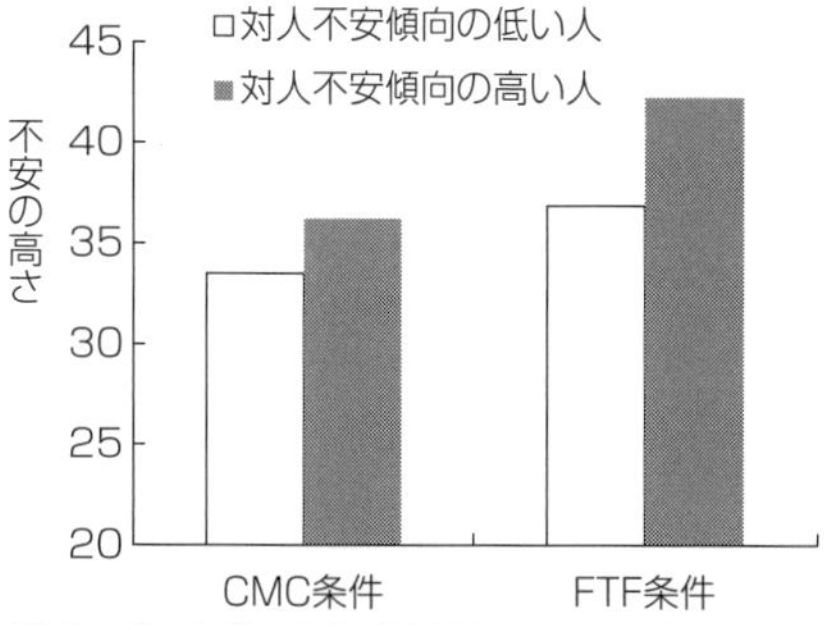

図2　各メディアにおけるコミュニケーション時の不安の高さ（西村，2005）

CMC条件＝コンピューターを介したコミュニケーション

FTF条件＝対面でのコミュニケーション

きたように、インターネットを利用することで得られる結果は、利用者がどのように利用するかということが大きく関わっているのである。

近年は、ウェブログ（ブログ）やソーシャルネットワーキングサービス（ＳＮＳ）といった新しいサービスが流行を見せている。このように、インターネットは常に新しい技術の導入や利用の変化が起こるメディアである。どれも魅力的なものではあるが、新しいものにただ飛びつくだけではなく、それぞれがどのような特徴（ポジティブ・ネガティブの両側面）をもっているかについて理解しておかないと、思わぬ落とし穴にはまることもあるだろう。つまり、インターネット上で他者とうまく人間関係を作るには、利用者自身がインターネットというメディアの特徴をよく理解し、適切な評価を行い、どのように利用するかを適宜決定することが求められるのである。

占いと情報収集行動

求であり、自己に関する情報収集行動を促すものである（上瀬，1992）。こうした考え方に立てば、自己概念が不安定な場合に、自己認識欲求が強く喚起されることが予測される。

佐藤（2004）は、自己情報収集行動としての占いに対する態度と、自己認識欲求との関連を検討している。その結果、抽出された「占いへの依存」因子と自己認識欲求との間に関連があることが見いだされ、悩みや迷いの決断の際に占いを利用することが示唆された。占いには自己を知りたいという欲求が関係しており、特に日々の悩みなどにより不安定になっている場合に占いに頼る傾向があると言えるのではないだろうか。

現代の占いは、遊びの枠を超え、自己決定の際の道具として用いられているのかもしれない。将来どんな仕事が向いているか？　好きな人に告白したらうまくいくか？　そんな迷いや悩みの答えを占いに頼る。占い師による占いでは、自分の悩みや不安を直接打ち明けることができる。迷いがあってなかなか決断ができないときには、アドバイスを与えながらその不安を和らげ、背中を一押ししてくれる。いわば、占い師はカウンセリング的な役割をも担っていると言えるであろう。高校生を対象にした田丸・今井（1989）の調査では、占いに対する信頼と、人間関係の悩み・不安、顕在性不安との間に関連性が見いだされている。他者との関係に悩む人や、日頃から悩みが多く不安が高い人は、より占いを受け入れやすいと考えられる。占いを熱心にする人は、取るべき行動を占いから提供してもらうことで、不安を解消し、安心しているのかもしれない。

（佐藤史緒）

人は占いに何を求めているのだろうか。また、どのような人が熱心に占いをするのだろうか。大学生を対象にした佐藤（2004）の調査では、「占い師に占ってもらうとしたら、何を占ってもらいたいか」に対する回答として、図１のような結果を得ている。図１を見ると、占いたいと思う内容は、すべて何らかのかたちで「自分」に関わる事柄であることがわかる。

自己に関する情報源として用いられる占いは、自己情報収集行動（上瀬，1992）の一つとして捉えることができる。人には、安定した自己概念を保持するために、自己を確認しようとする傾向があり、そのために自己に関する情報収集行動を行うと考えられている（沼崎，1991）。また、上瀬（1992）によると、自己認識欲求が高い人ほど、自己情報収集行動に積極的に関与する傾向があるという。自己認識欲求とは、人間のもつ“自己を認識したい”と思う欲

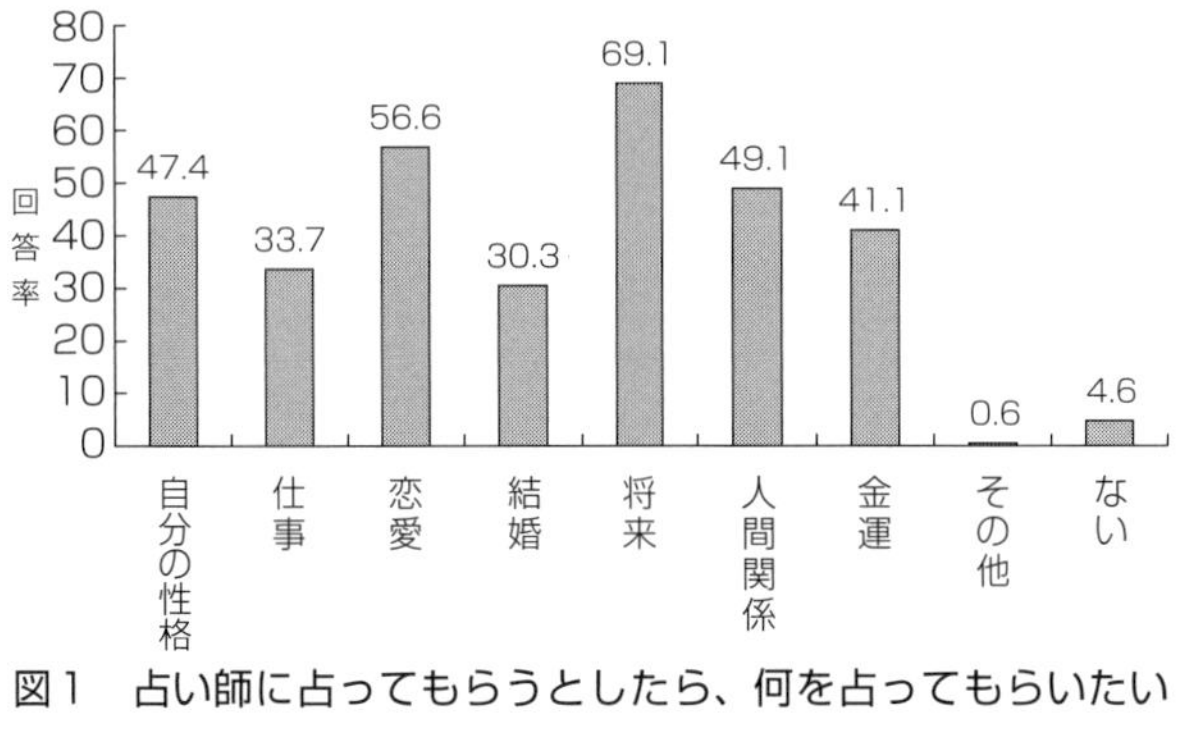

図１　占い師に占ってもらうとしたら、何を占ってもらいたいですか（複数回答可）

第12章

なぜその人は内定がもらえるのか？

Key Word
自己呈示
セルフ・モニタリング
非言語的行動

山口一美
やまぐち かずみ

面接試験で良い評価を得るには

ゼミやサークルの先輩の中に、早々と内定をもらった先輩と、筆記試験は通ったものの面接試験で何度もつまずいて内定がもらえず苦労している先輩もいると思う。二人の先輩の学業成績は比較してもそれほど違うとは思えないのに、どうしてこのような違いが生じるのであろうか。

採用試験は主にエントリーシートからはじまり、筆記試験と面接試験で行われる。なかでも面接試験は、志願者に直接質問し、彼らの知識レベル、性格、態度、考え方など人物を総合的にとらえることができるという利点をもつ（岡村、一九九五）ことから、多くの企業が実施している。したがって、先の内定をもらった先輩は、この面接試験で良い評価を得て内定を勝ち取ったのである。

では、その良い評価とはどのような要因が影響して得られるのであろうか。志願者が面接者との相互作用をスムーズに行い、自分を表現することで良い評価を得られるのであろうか。「自分を表現すること、他者にある特定の印象を作り出すために自分自身を調整して表すこと」（Jones & Pittman, 1982）を、社会心理学では自己呈示（self–presentation）というが、この自己呈示を適切に行うことが良い評価に影響を及ぼすのであろうか。これらの疑問に答えるために、本章では、心理学の知見から面接試験における面接者と志願者との相互作用について考え、志願者の自己呈示とその評価について検討する。その上で、内定をとるための対処方法について提案をしたい。

本論にはいる前に、日本の企業で採用の際に重視している項目は何かを明らかにしておこう。それらは、「熱意・意欲」「コミュニケーション能力」「一般常識・教養」「行動力・実行力」「協調性・バランス感覚」「理解力・判断力」など（厚生労働省、二〇〇四）である。多くの企業は、「一般常識・教養」を除いて人物特性に関わるものを重要であると考え、これらの特性をもった学生であるかを知るために面接試験を行っていると言えよう。

面接試験と相互作用

相互作用と評価懸念

企業にとって面接試験は、面接者と志願者の相互作用を通して、志願者の人物に関する理解や合否の結論を導きだす場であり、志願者に企業についての情報を伝える場でもある。また、志願者にとって面接試験は、自分を理解してもらうとともに、企業に関する理解を深める場である。ここで重要なことは、面接者が志願者の応答などに影響を受けながら面接を展開し、一方の志願者も面接者の反応を読み取りながら行動や応答の内容を変えていく点である（二村、二〇〇五を参照）。

しかし、志願者にとっては評価を気にするあまり極度に緊張して、面接者の反応を十分に読み取れず相互作用がうまくいかないことも起こる。このように「他者から評価されることを意識すること」（太田・小島、二〇〇四）を、評価懸念（evaluation apprehension）という。

評価懸念は、他者から尊敬されたい、認められたいという欲求である社会的承認欲求の個人差の影響を受ける。この欲求の強い人は対人不安を感じやすく、ネガティブな評価に対する懸念を感じやすいと言われている（Schlenker & Leary, 1982）。そこで、社会的承認欲求の強い人は面接試験で自分に対するネガティブな評価を気にするあまり、本来の自分とは異なる行動をとってしまったり、相互作用がスムーズにいかないことも起こるのである。

円滑な相互作用を行うために

志願者が過度の評価懸念を起こさないようにするためには、面接者の行動が重要である。リンデンら（Linden et al., 1993）は、アイコンタクトを行い、笑顔を表す面接者の面接を受けた志願者が笑顔とアイコンタクトを多く表し、第三者はその志願者を高く評価したことを報告している。これは二者間の相互作用において、人は自分の行動を他者に似せることで適応するという「共時態（synchrony）の効果」である。面接者の親しみを表す行動は志願者の緊張をほぐし、本来の自分を表現するよう作用するのである。このように面接者の行動は重要であり、それは志願者のその企業に対する魅力度に影響する（Chapman et al., 2005）ことさえあるのである。

また、面接者の評価に影響を与える要因の研究からは、たとえば面接者と志願者の態度の類似性（Howard & Ferris, 1996）や性格の類似性（今城、二〇〇五）が、面接評価に影響を及ぼすことが明らかにされている。このような面接者の陥りやすい誤りを是正するために、面接者の面接スキル向上の訓練や質問内容を標準化させた構造化面接を取り入れるなどさまざまな対策が取られている。

志願者の自己呈示は面接評価を左右する

どのような自己呈示を表すと評価が高いのだろうか

自己呈示は、自己呈示によって形成された相手の自分に対する印象が、その後の自分に対する行動に影響を及ぼすことから重要な社会的行動であると言われている。つまり、面接者に明るくて有能な学生であると肯定的な印象をもたせることができた場合、面接者から肯定的な反応を引き出しやすくなる。肯定的に接してもらうことができれば、そこでの相互作用やその状況での目的の達成はよりスムーズに行われるのである。

ジョーンズとピットマン（Jones & Pittman, 1982）は、特定の印象を他者に与えるために一時的に行う自己呈示として、五つの種類を上げている。それらの中でも面接試験で関わりがあると思われる自己呈示として、「自己宣伝（self-presentation）」「取り入り（ingratiation）」があげられる。「自己宣伝」は能力のある人という印象をもたれることを、「取り入り」は他者から好意的な印象をもたれることを目的として表される。

面接試験で有能であること（Kacmar et al., 1992）、積極的で自信があること（Stevens & Kristof, 1995）を示す「自己宣伝」を行った人は、面接者の評価が高い。「自己宣伝」は自己PRとして面接試験で必ず求められる自己呈示である。この「自己宣伝」を通して、多くの企業が重要だと考えている熱意や行動力、実行力、さらに協調性やバランス感覚などを示すことができよう。

しかし、いつも「自己宣伝」だけをしていれば面接試験での評価が高いかというと、そうではないようである。エリスら（Ellis et al., 2002）は、質問の種類によっては異なる自己呈示を行う必要性を示唆している。また、ヒギンズとジャッジ（Higgins & Judge, 2004）は面接試験で学生が行う「自己宣伝」と「取り入り」と、個人の組織や仕事への適合度、採用推薦、内定通知との関わりの検討を行っている。その結果、「取り入り」の自己呈示が行われると組織や仕事への適合度が高いと評価され、それが内定推薦に影響し、実際の内定通知へ影響を及ぼすことが明らかにされた（図1）。このことは、志願者が自分の志望する組織に関する情報を理解した上で、組織や仕事内容を問う質問に対して、仕事内容を理解していることを示し、好意的な印象をもたれるように「取り入り」を行うことが高い評価につながることを示している。このように面接試験における相互作用の中で、状況や質問に合わせた自己呈示を行うことができれば、企業が採用時に重視している項目の中でも、面接者の話を聴き、適切に答えるコミュニケーション能力、質問の意図を理解する力、適切な応答や行動はなにかを判断する力があることを示すことができる。

この研究は、パーソナリティのセルフ・モニタリングの高いことが「取り入り」や「自己宣伝」を表す際に重要であることも明らかにしている。セルフ・モニタリングの高い人は、自分の置かれた状況において適切と思われる行動をする傾向がある（Snyder & Monson, 1975）ことから、面接場面で状況に合わせた行動をとることができるの

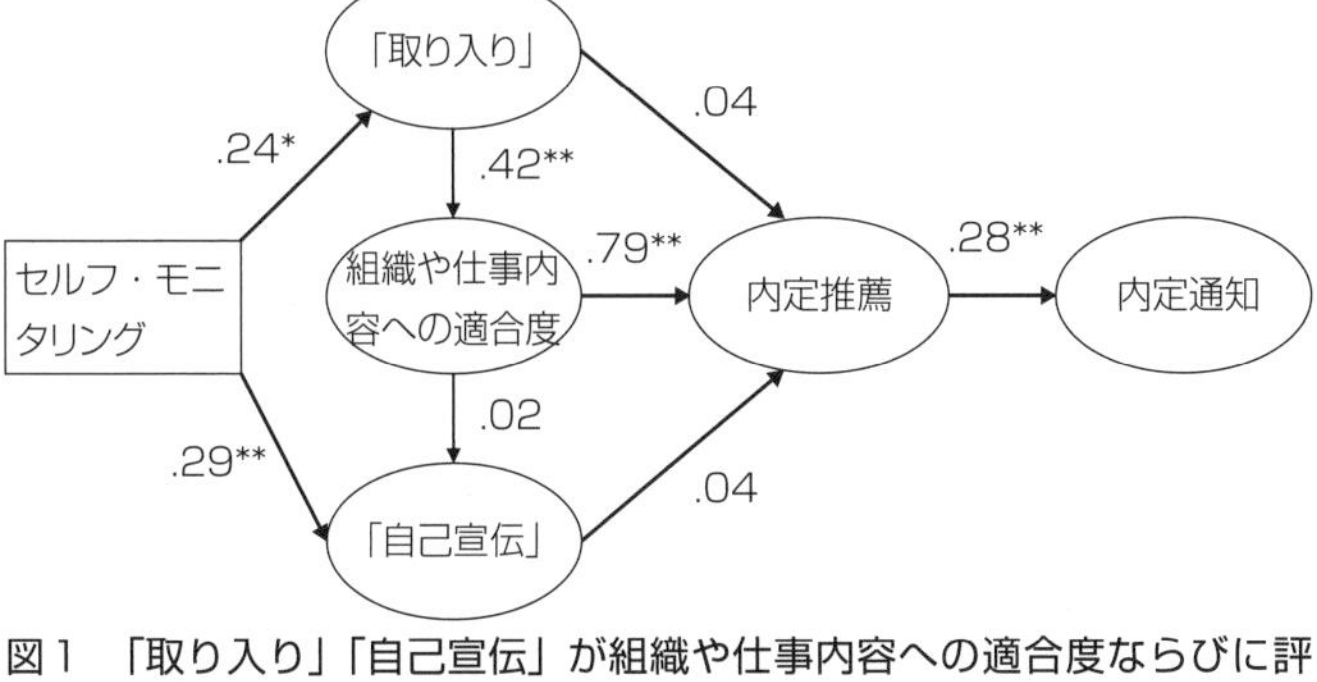

図1　「取り入り」「自己宣伝」が組織や仕事内容への適合度ならびに評価に及ぼす影響のパス解析結果（Higgins & Judge, 2004を一部改変）
$^{*}p<.05$，$^{**}p<.01$　$N=116$
注）数値はパス係数で因果の強さを表わす

であろう。

自己呈示の際の非言語的行動は面接評価に影響する？

自己呈示は言語的行動と非言語的行動とで表されるが、とりわけどのような非言語的行動が評価と関わりがあるかを知ることは重要なことであろう。なぜならば、非言語的行動は、ときには言語的行動以上に人の感情や態度を表すことから、面接試験の際に表される非言語的行動は志願者の本来の感情を表すと推測されるからである（山口、二〇〇一）。そこで、本章では非言語的行動の中でも面接場面において特に重要と思われる笑顔、アイコンタクト、服装をとりあげ、検討する。それは、①笑顔を表し、②アイコンタクトを行う人は明るく（McGovern & Tinsley, 1978）、コミュニケーション能力がある（McGovern et al., 1979）と認知され、③服装は人格を表す（神山ら、一九八七a；一九八七b）とされているからである。

①笑顔は好感をもたれる

笑顔は一般的には受け手に肯定的に受け取られ（山口・小口、一九九八）、魅力的な容貌特徴である（Cunningham et al., 1990；大坊、一九九七）と言われている。山口（二〇〇二）は就職活動中の学生に自己宣伝を行ってもらい、その際の笑顔とアイコンタクトと、評価との関わりを検討した。その結果、自己宣伝を行っている際に笑顔を多く表していることが適切だと評価され、高い人事評定に影響を及ぼしていた。また、パーソナリティのセルフ・モニタリングの高い人ほど笑顔を適切に表していると評価されていた。第一回目の調査後七カ月を経た時点での調査からは、実際にサービス業に採用された人が、実験実施時にセルフ・モニタリングが高く笑顔の表出が適切と評価され、人事評定も高かったことが明らかになった。サービス業では従業員の笑顔が顧客の笑顔を促進し、サービスの質が高いと評価される（Barger & Grandey, 2006）ことから、面接試験でも笑顔を多く表す志願者は、対人場面でも笑顔を表し顧客から良い評価を得ることが推測できるため、高い評価を得たと思われる。また、パーソナリティのセルフ・モニタリングの高いことは、面接試験で笑顔を適切に表すための重要な要因なのであろう。

②アイコンタクトはすぐれた情報収集機能をもつ

アイコンタクトは対人関係における接近と回避の感情を表現する、相手からの情報を収集する、会話の流れを調整するなどの三つの機能をもっている（Kendon, 1967 を参照）。したがって、アイコンタクトは面接者に好意の感情を伝え、アイコンタクトを通して相手の質問の意図や目的について情報を得ることができる。また、面接者に自分が話を開始したいことを伝えることもできるのである。ヒギンズとジャッジ（Higgins & Judge, 2004）は面接試験で志願者が笑顔とアイコンタクトを多く表して自己呈示を行ったことが、組織や仕事への適合度があるという評価につながり、その評価が採用したいという評価へ影響を及ぼしていることを明らかにしている。明るい笑顔で好感をもたれ、アイコンタクトを通して面接者の質問の意図を読み取ったことで、適切な自己呈示をすることができたのであろう。

言語的行動と非言語的行動とが一致しているとよい評価を得ることができる（和田・若林、一九九一）。積極的に行動した経験を話す場合には明るい笑顔でアイコンタクトを行うというふうに、話す内容に合わせて笑顔やアイコンタクトが適切に表されることが重要なのである。

③服装は情報を伝達する

服装はその機能の一つである情報伝達機能が働くことで、人格、状況的意味に関する情報などを伝える。人格に関しての情報として、服装の奇抜さは積極的な人であるとともに思慮がない人という印象を相手に与える（神山ら、一九八七ａ；一九八七ｂ）。状況的意味に関する情報としては、服装によってフォーマルな状況かカジュアルな状況かという情報を伝える（Damhorst, 1985）。たとえば面接試験にジーンズにTシャツで行ったとすれば、面接者に積極的ではあるが思慮に欠ける人という印象を与え、面接試験をカジュアルな状況の場であると、着ている本人が考えているという情報を与えることになるのである。

フォーサイス（Forsythe, 1990）は、志願者の服装とマネジメントの能力、採用との関わりを検討している。その結果、濃紺のテーラードスーツを着用した女性がベージュのドレスを着た女性よりも、活発、力強い、決断力などの特性があると評価され、採用したいと評価された。男性もスーツ着用が面接試験の評価に影響を及ぼす（Hatfield & Gatewood, 1978）という指摘からは、企業から「普段着で」という指定がなされない限りは、男女ともに面接試験にはスーツを着ていったほうがよいということになろう。

内定をとるための対処方法

相手を知る

あなたが日頃からちょっと素敵だなと思っていた男性からデートに誘われたとしよう。あなたはデートでの会話に困らないように、彼の好きなスポーツは何か、彼の好きな食べ物はなど、彼との会話がうまくいくように、前もって情報を集めようとするであろう。面接試験もこれと同じである。あなたが興味をもっている会社について情報を集め理解することは、面接試験での相互作用や質問に対して適切な応答をするために必要なことなのである。

自分を知る

なぜあなたは、その会社に興味をもったのであろうか。たとえば、それが旅行会社だったとする。あなたは旅行が好きで、休みになるとしょっちゅう旅行に出かけていたからだろうか。それとも友だちと旅行に行くときにその旅行会社を利用し、カウンターの担当者の対応に感激したから興味をもったのであろうか。そして何度も旅行に行ったことから何を学び、何をつかんだのであろうか。このように自分がその会社に興味をもった理由を考えることで、自分の嗜好や価値観あるいは長所を知る手がかりを得ることができる。それらがわかれば、自分の嗜好や価値観に一致していて、しかも自分の長所を生かして仕事ができると思われる会社を受験し、自分の言葉で自己呈示ができるはずである。自己分析、つまり自分を知ることは、相手を知ることとあわせて、内定をとるための第一歩である。

面接試験は相互作用であることを理解する

面接者の質問を聞き、聞かれていることに答える。質問の意図をきちんとうけとめられずにトンチンカンな答えをしたり、自分の言いたいことだけを主張すると、面接者はなぜこの学生はきちんと答えてくれないのかと不信に思う。質問と答えが行ったりきたりすることで相互作用が深まることを理解しておくことが重要である。

面接試験で適切な自己呈示をする

面接者の質問をよく聞き、状況や質問の意図に合わせて適切な自己呈示をする。非言語的行動の重要性を忘れずに、しわのない清潔なスーツを着用し、面接者とアイコンタクトを行い、笑顔を表すよう心がける。学生時代に打ち込んだことは何か、そこから学んだことをどのように生かして、会社に貢献できるかを話すときは、明るい声で面接者とアイコンタクトを行い、笑顔で自己呈示をする。そうすれば、言語的行動と非言語的行動が一致しているため説得力が増すのである。

以上、内定をとるために最低限必要な対処方法を述べた。しかしこれらの対処方法を実行する前に、学生時代に夢中になるものを見つけ、それを精一杯行うことは自分の言葉で自己呈示を行うための基礎であり、企業の求めている特性を獲得する基礎でもあることを忘れてはならないだろう。

り、その結果、遂行に集中できなくなり、実際の評価も下がってしまうのである。

ラペーら（1996）は、対人不安の高い人は他者の視点で自身の遂行を見る傾向が強いとしている。この他者の視点は実際の他者視点ではなく、対人不安の高い人が思い込んでいる他者の視点であり、この視点により評定間のズレが生じる。ラペーらは自己評定を改善する手法として、客観的な他者視点を与えるビデオフィードバックによる検討を行っている。これもスピーチ場面を対象にし、スピーチをビデオに記録して行為者自身に見せ評定させるというものであり、対人不安の高い人に自己評定の改善が見られている。この結果より、適切な他者視点をもつことが、遂行の自己評定の改善につながり悪影響も避けることができると考えられる。

面接など評価を伴う対人場面において、対人不安の高い人は苦手意識をもつことが多いだろう。しかし、面接者となる他者が、あなたの遂行にだけ特別に低い評価を下しているとは考えにくい。自己評定の改善は容易なことではないが、今後、面接を受ける際には、自身の遂行をより低く見積もりがちな自分のクセを意識し、自己評定を上乗せするくらいの気持ちで挑んで欲しい。　（細川隆史）

面接とは、主に被面接者が自らについてプレゼンテーションを行い、他者である面接者に評価される場面である。なかには、普段の対人場面と同様に面接に挑むことができる人もいるだろう。しかし、そのような場面において不安を感じてしまう人は、いつもは問題なく行えている言動などができないと思うかもしれない。実際、評価を伴う対人場面において不安を感じやすい人は、自らの遂行を低く評価してしまう傾向のあることがわかっている。

では、評価を伴う対人場面において、対人不安（social anxiety）を感じやすい人はそうでない人よりも低い遂行を行っているのであろうか。さらには、他者からも低い評価を受けているのであろうか。それとも、他者の評価は低くないのであろうか。

これらについて、細川（2007）はスピーチ場面を対象に、自己評定と他者（観察者）評定の評価のズレを比較している。スピーチ場面は即席の発言を求められるなど、面接場面での突然の質問への応答と類似するところも多い状況といえるだろう。スピーチ評価について、対人不安の高い人と低い人の各評定間を比較した結果、自己評定間では、対人不安の高い人のほうがより低い評価をしていたが、観察者評定間では、対人不安の高低にかかわらず、評価に違いは見られなかった。つまり、対人不安の高い人は、観察者の評価では対人不安の低い人と違いは見られないにもかかわらず、自らを過小評価する傾向が強いといえる。

ラペーとヘイマン（Rapee & Hayman, 1996）は、このような自己評定と観察者評定のズレが悪影響を生むことを指摘している。自身の遂行を低く評価することで、観察者である他者からも低い評価を受けているのではないかと考え、さらに不安を感じるようにな

あとがき

「他者」は、人なら誰でも気になる対象である。その他者とは、厳密にいえば「自分」以外のヒトという個体のすべてを指す。その他者は、さらに、「知人」の他者と「知人ではない」他者に分けられる。知人としての最初の他者は胎児として関わる母親であり、その後、人間関係は、父親、きょうだい、祖父母といった家族、地域の人、友人、恋人、先生、先輩、後輩、同僚、上司、部下といった多くの知人の他者に広がっていく。さらに現代社会では、電車やバスなどでたまたま居合わせるまったくの知らない他者だけでなく、面識はないがパソコンやケータイの画面上でやりとりをする微妙な関係の他者までが存在し、日本人の「世間」観も変容しつつあるといえる。

本書は、現代社会において、具体的にさまざまな「他者」と関わる際にはどのような問題があり、どのように対処していったらよいのか、心理学、なかでも社会心理的な視点からアプローチすることを意図した。さらに本書の背景としては、脳神経科学の進歩があげられる。現在、ヒトに関わる脳神経科学的研究の発展はめざましく、ＭＲＩやＰＥＴといった脳機能をより詳細に測定できる機器の登場もあり、チンパンジーや赤ちゃんを対象とした脳機能の研究が急速に進んでいる。「他者」の研究についても、ある個体のチンパンジーが他の個体のチンパンジーに注意を向け、知覚、認知するとき、脳のどの部位が（厳密にいえば、どことどこの神経が）興奮、ニューロンが発火しているかという研究が日本を含め世界的な競争の中で行われている。もちろんチンパンジーだけでなく、赤ちゃんを中心にヒトを対象にした「他者」を認知する脳神経科学的研究も同様である。「他者」という他の個体の存在に対して、「私（自己）」という個体の心のなか、狭義でいえば脳内メカニズムがどうなっているのか、という実証的研究はたいへん興味深いものである。しかしながら、では実際に社会生活する人は、他者とどう関わり、どう対処したらいいのか、この問題については、社会心理という視点がたいへん有用であると考えられる。社会心理という学問的枠組みへの見解は諸説あると思われるが、「他者」がいることである行動が促進されたり抑制されたりする、たとえば「他者」が大勢いると人は傍観者の立場をとり、人を助けない、という実験的研究の先駆的成果を出していることからも、社会心理的アプローチは「他者」の重要性にいちはやく注目していた心理学であり、学問であるといえよう。

このように、さまざまな他者と多様なかたちで関わらなければいけない現代社会に生きる私たち人間にとって、少しでも役に立つ内容を扱いたいという思いと、今後さらに進んでいくだろう脳神経科学的ヒト研究の解明に将来的には役に立つかもしれない部分を補いたいという思いが本書の企画趣旨にあった。残念ながら、脳神経科学における他者の研究については触れられなかったが、今回の本の完成にあたり、多くの有能な共著者に恵まれたことはたいへん幸運であった。

まずは、今回、共著者として各章とトピックを執筆いただいた方々に心から御礼申し上げたい。その多くは学会や研究会で切磋琢磨する研究者であり、編者として足りない部分を、共著者の方々の充実した執筆内容に助けられ、十分に埋めていただいたと思う。

次に、編者を研究者の道へと公私ともにご指導くださった元科学警察研究所・東洋大学名誉教授の中里至正先生に御礼を申し上げたい。人に役立つ研究の大切さと犯罪非行の抑制研究の面白さを叱咤激励のなかで教えていただいた。本当に心から感謝申し上げたい。

おなじく犯罪非行研究をご指導いただいた恩師として元科学警察研究所・東洋大学名誉教授の松本恒之先生、学位論文の指導教官の一人として放送大学教授の船津衛先生にも自己（自我）研究から他者とは何かという視点の大きな示唆をいただいた。御礼を申し上げたい。

本書の共著者は多岐にわたるが、とりわけ社会心理学をリードされる三名の先生方には諸種の職務で多忙ななか執筆いただき、感謝でいっぱいである。まず聖心女子大学の菅原健介先生には本書を企画するきっかけをつくっていただき、重ねて御礼を申し上げたい。また、東洋大学の安藤清志先生には、学位論文の指導教官の一人としてお世話になり、今回も自己呈示研究に詳しい社会心理学の立場からご尽力いただいた。あらためて深く御礼を申し上げたい。さらに、筑波大学の松井豊先生には、ご多忙の折、読者に関心が高いであろう恋愛について最新の知見を執筆していただき、本書を広く一般に役立つ心理学の本にしたいという編者の希望をかなえていただいたと思う。心より御礼申し上げたい。またこの三名の執筆者は、菅原先生はJAPSAS、安藤先生は社会行動研究会，松井先生はS研という，それぞれ首都圏の社会心理学の研究会を主宰されている。その意味では，日ごろから学問発展と研究者育成に尽力されている方々の力添えによって，この「他者が気になる本」が完成できたのではないかと考えられ，たいへんな幸運に恵まれたと思っている。

最後に，本書の企画段階から最後の校正にいたるまで金子書房編集部の天満綾さんにたいへんお世話になった。懇切丁寧なご示唆と温かい励ましがなければ本書は実現しなかったと思う。その仕事の有能ぶりと人柄の素晴らしさに敬意を感じるとともに，心から感謝申し上げたい。

二〇〇八年　八月

永房典之

social behavior. *Journal of Personality and Social Psychology*, 32, 637–644.

Stevens, C.K. & Kristof, A.L. (1995) Making the right impression : A field study of applicant impression management during job interviews. *Journal of Applied Psychology*, 80, 583–606.

和田実・若林満（1991）言語的行動と非言語的行動が採用面接に及ぼす影響についての実験的研究. 経営行動科学, 6 , 71–80.

山口一美（2001）採用面接における志願者の自己呈示と非言語的行動. 経営行動科学, 15, 57–71.

山口一美（2002）自己宣伝におけるスマイル－アイコンタクトとパーソナリティ要因が就労面接評価に及ぼす影響. 実験社会心理学研究, 42, 55–65.

山口一美・小口孝司（1998）サービス産業におけるスマイル研究の展望. 産業・組織心理学研究, 11, 3 –13.

Topic 12

細川隆史（2007）対人不安傾向とスピーチ場面の自己評定および観察評定の不一致. 日本心理学会第71回大会発表論文集, 117.

Rapee, R.M. & Hayman, K. (1996) The effects of video feedback on the self–evaluation of performance in socially anxious subjects. *Behaviour Research and Therapy*, 34, 315–322.

Jones, E.E. & Pittman, R.S. (1982) Toward a general theory of strategic self–presentation. In Suls, J.M. (Ed.), *Psychological Perspectives on the Self*. Vol.1, Lawrence Erlbaum Associates.

Kacmar, K.M., Deley, J.D. & Ferris, G.R. (1992) Differential effectiveness of applicant impression management tactic on employment interview decisions. *Journal of Applied Social Psychology*, 22, 1250–1272.

神山進・牛田聡子・枡田庸（1987a）服装に関する暗黙裡のパーソナリティ理論（第１報）. 繊維製品消費科学, 28, 335–343.

神山進・牛田聡子・枡田庸（1987b）服装に関する暗黙裡のパーソナリティ理論（第２報）. 繊維製品消費科学, 28, 378–389.

Kendon, A. (1967) Some function of gaze direction in social interaction. *Acta Psychologica*, 26, 22–63.

厚生労働省（2004）労働統計雇用管理調査, 平成16年 採用管理・退職管理.

Linden, R.C., Martin, C.L. & Parsons, C.K. (1993) Interviewer and applicant behaviors in employment interviews. *Academy of Management Journal*, 36, 372–386.

McGovern, T.V. & Tinsley, H.E. (1978) Interviewer evaluations of interviewee nonverbal behavior. *Journal of Vocational Behavior*, 13, 163–171.

McGovern, T.V., Jones, B.W. & Morris, S.E. (1979) Comparison of professional versus student ratings of job interviewee behavior. *Journal of Counseling Psychology*, 26, 176–179.

二村英幸（2005）人事アセスメント論. ミネルヴァ書房.

岡村一成（1995）組織構成員の選抜－産業組織心理学入門. 福村出版.

太田恵子・小島弥生（2004）職場での評価をどう意識するか. 菅原健介編, ひとの目に映る自己―「印象管理」の心理学入門. 金子書房.

Schlenker, B.R. & Leary, M.R. (1982) Social anxiety and self–presentation. *Psychological Bulletin*, 92, 641–669.

Snyder, M. & Monson, T.C. (1975) Person, situations and the control of

第12章

Barger, P.B. & Grandey, A.A. (2006) Service with smile and encounter satisfaction : Emotional contagion and appraisal mechanisms. *Academy of Management Journal*, 49, 1229–1238.

Chapman, D.S., Uggerslev, K., Carroll, S.A., Piasentin, K.A. & Jones, D.A. (2005) Applicant attraction to organizations and job choice : A meta–analytic review of the correlates of recruiting outcomes. *Journal of Applied Psychology*, 90, 928–944.

Cunningham, M.R., Barbee, A.P. & Pike, C.L. (1990) What do woman want? : Facialmetric assessment of multiple motives in the perception of male facial physical attractiveness. *Journal of Personality and Social Psychology*, 59, 61–72.

大坊郁夫（1997）魅力の心理学. ポーラ文化研究所.

Damhorst, M.L. (1985) Meanings of clothing cues in social context. *Clothing and Textiles Research Journal*, 3, 39–48.

Ellis, A.P.J., West, J.B., Ryan, A.M. & DeShon, R.P. (2002) The use of impression management tactics in structured interviews : A function of question type? *Journal of Applied Psychology*, 87, 1200–1208.

Forsythe, S.M. (1990) Effect of applicant's clothing on interview's decision to hire. *Journal of Applied Social Psychology*, 20, 1579–1595.

Hatfield, J.D. & Gatewood, R.D. (1978) Nonverbal cues in the selection interview. *Personnel Administrator*, 23, 30–37.

Higgins, C.A. & Judge, T.A. (2004) The effect of applicant influence tactics on recruiter perceptions of fit and hiring recommendations: A field study. *Journal of Applied Psychology*, 89, 622–632.

Howard, J.L. & Ferris, G.R. (1996) The employment interview context : Social and situational influences on interviewer decisions. *Journal of Applied Social Pshchology*. 26, 112–136.

今城志保（2005）採用面接評価の実証的研究－応募者, 面接者, 組織が面接評価に及ぼす影響の多水準分析. 産業・組織心理学研究, 19, 3 –16.

における人間関係. 社会心理学研究, 19, 124–134.
西村洋一（2005）コミュニケーション時の状態不安および不安生起に関連する要因の検討―コミュニケーションメディアと対人不安傾向における比較. パーソナリティ研究, 13, 183–196.
Parks, M.R. & Floyd, K. (1996) Making friends in cyberspace. *Journal of Communication*, 46, 80–97.
Parks, M.R. & Roberts, R.D. (1998) " Making MOOsic ": The development of personal relationships on line and a comparison to their off–line counterparts. *Journal of Social and Personal Relationships*, 15, 517–537.
Turkle, S. (1995) *Life on the screen: Identity in the age of the internet*. New York: Simon & Schuster. [日暮雅通（1998）接続された心―インターネット時代のアイデンティティ. 早川書房.]
Walther, J.B. (1996) Computer–mediated communication: Impersonal, interpersonal, and hyperpersonal interaction. *Communication Research*, 23, 342–369.
Walther, J.B. & Burgoon, J.K. (1992) Relational communication in computer–mediated interaction. *Human Communication Research*, 19, 50–88.

Topic 11

上瀬由美子（1992）自己認識欲求の構造と機能に関する研究―女子青年を対象として. 心理学研究, 63, 30–37.
沼崎誠（1991）自己能力診断が可能な課題の選好を規定する要因―自己査定動機・自己高揚動機の個人差と性差. 心理学研究, 62, 16–23.
佐藤史緒（2004）どんな人が「占い」を行うのか？－現代大学生における「占い」の現状. 日本社会心理学会第45回大会発表論文集, 320–321.
田丸敏高・今井八千代（1989）青年期の占い指向と不安. 鳥取大学教育学部研究報告教育科学, 31, 225–260.

me? : Activation and expression of the " true self " on the Internet. *Journal of Social Issue*, 58, 33–48.

ばるぼら (2005) 教科書には載らないニッポンのインターネットの歴史教科書. 翔泳社.

Caplan, S.E. (2002) Problematic Internet use and psychosocial well–being : Development of a theory–based cognitive–behavioral measurement instrument. *Computer in Human Behavior*, 18, 553–575.

Caplan, S.E. (2003) Preference for online social interaction. A theory of problematic Internet use and psychosocial well–being. *Communication Research*, 30, 635–648.

Caplan, S.E. (2007) Relation among loneliness, social anxiety, and problematic Internet use. *CyberPsychology & Behavior*, 10, 234–242.

古谷嘉一郎・坂田桐子 (2006) 対面, 携帯電話, 携帯メールでのコミュニケーションが友人との関係維持に及ぼす影響ーコミュニケーションのメディアと内容の適合性に注目して. 社会心理学研究, 22, 72–84.

五十嵐祐・吉田俊和 (2003) 大学新入生の携帯メール利用が入学後の孤独感に与える影響. 心理学研究, 74, 379–385.

Joinson, A.N. (2001) Self–disclosure in computer–mediated communication : The role of self–awareness and visual anonymity. *European Journal of Social Psychology*, 31, 177–192.

小林哲郎・池田謙一 (2005) 携帯コミュニケーションがつなぐもの・引き離すもの. 池田謙一編, インターネット・コミュニティと日常世界. 誠信書房. pp.67–84.

McKenna, K.Y.A. & Bargh, J.A. (2000) Plan 9 from cyberspace : The implications of the internet for personality and social psychology. *Personality and Social Psychology Review*, 4, 57–75.

McKenna, K.Y.A., Green, A.S. & Gleason, M.E. (2002) Relationship formation on the internet : What's the big attraction? *Journal of Social Issues*, 58, 9–31.

西村洋一 (2003) 対人不安, インターネット利用, およびインターネット

〈http://www2.ttcn.ne.jp/honkawa/2205.html〉(2007年6月1日)
杉森智徳(1999)ダイエットと食行動異常に関する研究－ダイエットから摂食障害へ至るプロセスの検討. 平成11年度東洋大学大学院文学研究科修士論文(未公刊).
鈴木公啓(2006)新しいシルエット図を用いた若年女性の body image の検討. 日本社会心理学会第47回発表論文集, 328–329.
鈴木公啓(2008)「装い」としてのダイエットと痩身願望―印象管理の視点から. 2007年度東洋大学大学院社会学研究科博士論文(未刊行).
渡辺周一・山沢和子・佐竹泰子・松井信子・真鍋良子・上野良光・大森正英(1997)青年期女子の体重観と日常生活. 東海女子短期大学紀要, 23, 91–105.
山口明彦・森田勲・武田秀勝(2000)痩せ願望青年期女子学生の「美容」か「健康」かの志向の違いによる体型および減量法に関する意識について. 学校保健研究, 42, 185–195.

Topic 10

野上芳美(1987)女子学生層における異常食行動の調査. 精神医学, 29, 155–165.
Stice, E. (1994) A review of the evidence for a sociocultural model of bulimia nervosa and an exploration of the mechanisms of action. *Clinical Psychology Review*, 14, 633–661.
Stice, E. (2001) A prospective test of the dual-pathway model of bulimic pathology: Mediating effects of dieting and negative affect. *Journal of Abnormal Psychology*, 110, 124–135.
田中有可里(2001)摂食障害に対する痩せ志向文化の影響. カウンセリング研究, 34, 69–81.

第11章

Bargh, J., McKenna, K.Y.A. & Fitzsimons, G. (2002) Can you see the real

羽鳥素子（1999）現代女性の痩身願望－痩身に対するメリット意識の構造. 平成11年度聖心女子大学卒業論文（未公刊）.
平野和子（2002）女子学生のボディイメージとダイエット行動について. 神戸文化短期大学研究紀要, 26, 1 -12.
廣金和枝・木村慶子・南里清一郎・米山浩志・齊藤郁夫（2001）女子中学生のダイエット行動に関する研究－学校保健におけるダイエット行動尺度の活用. 学校保健研究, 40, 175–182.
切池信夫・永田利彦・田中美苑・西脇新一・竹内伸江・川北幸男（1988）青年期女性における Bulimia の実態調査. 精神医学, 30, 61–67.
近藤洋子（2001）青少年の体格とボディ・イメージの関連について. 玉川学園・玉川大学体育・スポーツ科学研究紀要, 2, 23–32.
桑原礼子・栗原洋子（2003）女子大生におけるやせ志向調査と栄養教育. 鎌倉女子大学紀要, 10, 103–109.
松澤佑次・井上修二・池田義雄・坂田利家・斎藤康・佐藤祐造・白井厚治・大野誠・宮崎滋・徳永勝人・深川光司・山之内国男・中村正（2000）新しい肥満の判定と肥満症の診断基準. 肥満研究, 6, 18–28.
中井義勝（1997）Eating Disorder Inventory（EDI）を用いた摂食障害患者の心理特性の検討. 精神医学, 39, 47–50.
中井義勝・佐藤益子・田村和子・杉浦まり子・林純子（2004）中学生, 高校生, 大学生を対象とした身体像と食行動および摂食障害の実態調査. 精神医学, 46, 1269–1273.
中尾芙美子・高桑みき子（2000）若年女性の肥満度別ボディ・イメージおよび性格特性について. 聖徳大学研究紀要：短期大学部, 33, 103–109.
野口美恵子・高橋尚志・岡庭千代乃（1999）ダイエットに関する意識調査－女子短大生と高校生の比較. 明和学園短期大学紀要, 14, 19–34.
社会実情データ図録 Honkawa Data Tribune（2004）日本人の体格の変化（BMI の推移）. 社会実情データ図録 Honkawa Data Tribune, 2006年10月31日.〈http://www2.ttcn.ne.jp/honkawa/2200.html〉（2007年6月1日）
社会実情データ図録 Honkawa Data Tribune（2006）痩せすぎ女性比率の国際比較. 社会実情データ図録 Honkawa Data Tribune, 2006年9月19日.

立脇洋介（2005）異性交際中の出来事によって生じる否定的感情. 社会心理学研究, 21, 21–31.
立脇洋介（2007）異性交際中の感情と相手との関係性. 心理学研究, 78, 244–251.
立脇洋介・松井豊・比嘉さやか（2005）日本における恋愛研究の動向. 筑波大学心理学研究, 29, 71–87.
Walstar, E., Aronson, V., Abrahams, D. & Rottmann, L. (1966) Importance of physical attractiveness in dating behavior. *Journal of Personality and Social Psychology*, 4, 508–516.

Topic 9

堀毛一也（1994）恋愛関係の発展・崩壊と社会的スキル. 実験社会心理学研究, 34, 116–128.
永房典之（2006）恥意識の対人社会機能―女子大生の恋愛行動との関係. 日本社会心理学会第47回大会発表論文集, 622–623.
菅原健介（2006）告白ができる場合とできない場合. 斎藤勇編, イラストレート恋愛心理学―出会いから親密な関係へ. 誠信書房.
Walster, E., Aronson, V., Abrahams, D. & Rottmann, L. (1966) Importance of physical attractiveness in dating behavior. *Journal of Personality and Social Psychology*, 4, 508–516.

第10章

馬場安希・菅原健介（2000）女子成年における痩身願望についての研究. 教育心理学研究, 48, 267–274.
馬場謙一・村山久美子・松井比登美（1981）青年期女性における身体像の発達的変化. 群馬大学教育学部紀要・人文社会科学編, 31, 263–273.
藤瀬武彦（2001）日本人青年女性における体型の自己評価と理想像－アジア人及び欧米人青年女性との比較. 新潟国際情報大学情報文化学部紀要, 4, 105–122.

第9章

Buss, D.M. (1989) Sex differences in human mate preferences: Evolutionary hypotheses tested in 37 cultures. *Behavioral and Brain Sciences*, 12, 1–49.

Buss, D.M., Shackelford, T.K., Kirkpatrick, L.A., Choe, J., Hasegawa, M., Hasegawa, T. & Bennett, K. (1999) Jealousy and beliefs about infidelity: Tests of competing hypotheses in the United States, Korea, and Japan, *Personal Relationships*, 6, 125–150.

Byrne, D. & Nelson, D. (1965) Attraction as a linear function of proportion of positive reinforcements. *Journal of Personality and Social Psychology*, 6, 659–663.

Hendrick, C. & Hendrick, S.S. (1986) A theory and method of love. *Journal of Personality and Social Psychology*, 50, 392–402.

Lee, J.A. (1977) A typology of styles of loving. *Personality and Social Psychology Bulletin*, 3, 173–182.

松井豊（1990）青年の恋愛行動の構造. 心理学評論, 33, 355–370.

松井豊（2000）恋愛段階の再検討. 日本社会心理学会第41回大会発表論文集, 92–93.

松井豊（2006）恋愛の進展段階と時代的変化. 齊藤勇編, イラストレート恋愛心理学－出会いから親密な関係へ. 誠信書房. pp.62–71.

松井豊・木賊和美・立澤晴美・大久保宏美・大前晴美・岡村美樹・米田佳子（1990）青年の恋愛に関する測定尺度の構成. 東京都立立川短期大学紀要, 23, 13–23.

Murstein, B.I. (1970) Stimulus–value–role： A theory of marital choice. *Journal of Marriage and the Family*, 32, 465–481.

Murstein, B.I. (1977) The stimulus–value–role (SVR) theory of Dyadic relationships. In Duck, S. (Ed.), *Theory and Practice in Interpersonal Attraction*. London： Academic Press. pp.105–127.

最高裁判所事務総局編（2007）司法統計年報３, 家事編, 平成18年, 法曹会.

sonality and Individual Differences, 42, 1391–1402.

Rime, B., Finkenauer, C., Luminet, O., Zech, E. & Philippot, P. (1998) Social sharing of emotion : New evidence and new questions. In Stroebe, W. & M. Hewstone (Eds.), *European Review of Social Psychology*, vol.9, pp.145–189. New York : John Wiley.

Rusting, C.L. & Nolen–Hoeksema, S. (1998) Regulating responses to anger : Effects of rumination and distraction on anger mood. *Journal of Personality and Social Psychology*, 74, 790–803.

湯川進太郎（2001）仮説的構成概念としての行動の意図性—社会心理学における攻撃研究から. 行動科学, 40, 63–69.

湯川進太郎（2003）青年期における自己愛と攻撃性—現実への適応と虚構への没入をふまえて. 犯罪心理学研究, 41(2), 27–36.

湯川進太郎（2004）ストレスと攻撃. ストレス科学, 19, 24–31.

湯川進太郎・日比野桂（2003）怒り経験とその鎮静化過程. 心理学研究, 74, 428–436.

Topic 8

Anderson, C.A. & Bushman, B.J. (2001) Effects of violent video games on aggressive behavior, aggressive cognition, aggressive affect, physiological arousal and prosocial behavior : A meta–analytic review of the scientific literature. *Psychological Science*, 12, 353–359.

Hogben, M. (1998) Factors moderating the effect of televised aggression on viewer behavior. *Communication Research*, 25, 220–247.

湯川進太郎（2005）バイオレンス－攻撃と怒りの臨床社会心理学. 北大路書房.

湯川進太郎・遠藤公久・吉田富二雄（2001）暴力映像が攻撃行動に及ぼす影響—挑発による怒り喚起の効果を中心として. 心理学研究, 72, 1–9.

Ontario : Multi–Health Systems.
Hare, R.D. (1993) *Without conscience : The disturbing world of the psychopaths among us*. New York : Guilford Press. [小林宏明訳 (2000) 診断名サイコパス－身近にひそむ異常人格者たち. ハヤカワ文庫.]
Hare, R.D., Clark, D., Grann, M. & Thornton, D. (2000) Psychopathy and the predictive validity of the PCL–R : An international perspective. *Behavioral Sciences and the Law*, 18, 623–645.
速水敏彦 (2006) 他人を見下す若者たち. 講談社現代新書.
Hervé, H. & Yuille, J.C. (eds.) (2007) *The psychopath: Theory, research, and practice*. Mahwah, New Jersey : Lawrence Erlbaum Associates.
磯部美良・佐藤正二 (2003) 幼児の関係性攻撃と社会的スキル. 教育心理学研究, 51, 13–21.
磯部美良・菱沼悠紀 (2007) 大学生における攻撃性と対人情報処理の関連—印象形成の観点から. パーソナリティ研究, 15, 290–300.
木野和代 (2000) 日本人の怒り表出方法とその対人的影響. 心理学研究, 70, 494–502.
Kohut, H. (1971) *The analysis of the self*. New York : International University Press. [水野信義・笠原嘉監訳 (1994) 自己の分析. みすず書房.]
Lepore, S.J. & Smyth, J.M. (Eds.) (2002) *The writing cure: How expressive writing promotes health and emotional well–being*. Washington, DC : American Psychological Association. [余語真夫・佐藤健二・河野和明・大平英樹・湯川進太郎監訳 (2004) 筆記療法－トラウマやストレスの筆記による心身健康の増進. 北大路書房.]
大渕憲一 (1993) 人を傷つける心—攻撃性の社会心理学. サイエンス社.
大渕憲一・小倉左知男 (1984) 怒りの経験 (1) －アベリルの質問紙による成人と大学生の調査概況. 犯罪心理学研究, 22, 15–35.
Osumi, T., Shimazaki, H., Imai, A., Sugiura, Y. & Ohira, H. (2007) Psychopathic traits and cardiovascular responses to emotional stimuli. *Per-*

となるための条件. 社会学年誌, 45, 67–82.
結城裕也（2006）感情の表出性とフィードバックの方向性が対人関係に及ぼす効果－親密な対人関係を中心にして. 第47回日本社会心理学会大会発表論文集, 356–357.

第8章

Baumeister, R.F. & Boden, J.M. (1998) Aggression and the self : High self–esteem, low self–control, and ego threat. In Geen, R.G. & E. Donnerstein (Eds.), *Human aggression : Theories, research, and implications for social policy*. San Diego : Academic Press. pp.111–137.
Blair, J., Mitchell, D. & Blair, K. (2005) *The psychopath : Emotion and the brain*. Malden, MA : Blackwell.
Bushman, B.J. (2002) Does venting anger feed or extinguish the flame? Catharsis, rumination, distraction, anger, and aggressive responding. *Personality and Social Psychology Bulletin*, 28, 724–731.
Bushman, B.J. & Baumeister, R.F. (1998) Threatened egotism, narcissism, self–esteem, and direct and displaced aggression : Does self–love or self–hate lead to violence? *Journal of Personality and Social Psychology*, 75, 219–229.
Cleckley, H.M. (1941) *The mask of sanity*, 4th ed. St Louis, MO : Mosby.
Cornell, D.G., Warren, J., Hawk, G., Stafford, E., Oram, G. & Pine, D. (1996) Psychopathy in instrumental and reactive violent offenders. *Journal of Consulting and Clinical Psychology*, 64, 783–790.
Geen, R.G. (1995) Violence. In Manstead, A.S.R. & M. Hewstone (Eds.), *Blackwell dictionary of social psychology*. Oxford : Blackwell. p.669.
Hare, R.D. (1980) A research scale for the assessment of psychopathy in criminal population. *Personality and Individual Differences*, 1, 111–119.
Hare, R.D. (1991) *The Hare psychopathy checklist–revised*. Toronto,

研究, 34, 116–128.
菊地章夫（1988）思いやりを科学する. 川島書店.
まど・みちお（作詞）一年生になったら. JASRAC 出 0808289–801.
Oswald, D.L. & Clark, E.M. (2003) Best friends forever?: High school best friendships and the transition to college. *Personal Relationships*, 10, 187–196.
Rose, S.M. (1984) How friendships end: Patterns among young adults. *Journal of Social and Personal Relationships*, 1, 267–277.
丹野宏昭・下斗米淳・松井豊（2005）親密化過程における自己開示機能の探索的検討－自己開示に対する願望・義務感の分析から. 対人社会心理学研究, 5, 67–75.
遠矢幸子（1996）友人関係の特性と展開. 大坊郁夫・奥田秀宇編, 親密な対人関係の科学. 誠信書房. pp.90–116.
Wortman, C.B., Adesman, P., Herman, P. & Greenberg, G. (1976) Self-disclosure: An attributional perspective. *Journal of Personality and Social Psychology*, 33, 184–191.

Topic 7

崔京姫・新井邦二郎（1998）ネガティブな感情表出の制御と友人関係の満足感および精神的健康との関係. 教育心理学研究, 46, 432–441.
Gnepp, J. & Hess, D.L.R. (1986) Children's understanding of verbal and facial display rules. *Developmental Psychology*, 22, 103–108.
畑中美穂（2003）会話場面における発言の抑制が精神的健康に及ぼす影響. 心理学研究, 74, 95–103.
平林秀美（1995）情動表出の制御場面の検討. 福島大学教育学部論集, 59, 51–65.
Hochschild, A.R. (1983) *The managed heart: Commercialization of human feeling*. Berkley: University of California Press. [石川准・室伏亜希訳（2000）管理される心—感情が商品になるとき. 世界思想社.]
小村由香（2004）感情労働における「自己」—感情がポジティブな経験

ness. *Personality and Social Psychology Bulletin*, 9, 351–358.

Stapel, D.A. & Blanton, H. (2004) From seeing to being : Subliminal social comparison affect implicit and explicit self–evaluations. *Journal of Personality and Social Psychology*, 87, 468–481.

第７章

相川充（1999）孤独感の低減に及ぼす社会的スキル訓練の効果に関する実験的検討. 社会心理学研究, 14, 95–105.

安藤清志（1990）「自己の姿の表出」の段階. 中村陽吉編,「自己過程」の社会心理学, 東京大学出版会, pp.143–198.

Bagwell, C.L., Bender, S.E. Andreassi, C.L., Kinoshita, T.L., Montarello, S.A. & Muller, J.G. (2005) Friendship quality and perceived relationship changes predict psychosocial adjustment in early adulthood. *Journal of Social and Personal Relationships*, 22, 235–254.

大坊郁夫（2003）社会的スキル・トレーニングの方法序説－適応的な対人関係の構築. 対人社会心理学研究, 3, 1–8.

深田博己（1998）インターパーソナルコミュニケーション—対人コミュニケーションの心理学. 北大路書房.

福森崇貴・小川俊樹（2006）青年期における不快情動の回避が友人関係に及ぼす影響－自己開示に伴う傷つきの予測を媒介要因として. パーソナリティ研究, 15, 13–19.

福岡欣治・橋本宰（1997）大学生と成人における家族と友人の知覚されたソーシャル・サポートとそのストレス緩衝効果. 心理学研究, 68, 403–409.

平成11年度版青少年白書第１部, 青少年行政のあゆみと21世紀への展望.

本田周二（2007）同性友人関係とのネガティブな出来事と現在の友人関係－大学生を対象として. 人間科学総合研究所紀要, ７, 309–320. 東洋大学人間科学総合研究所.

堀毛一也（1994）恋愛関係の発展・崩壊と社会的スキル. 実験社会心理学

906–920.

Pines, A.M. (1992) *Romantic jealousy*. New York : Sobel Weber Associates.

Salovey, P. & Rodin, J. (1988) Coping with envy and jealousy. *Journal of Social and Clinical Psychology*, 7, 15–33.

澤田匡人（2006）子どもの妬み感情とその対処―感情心理学からのアプローチ. 新曜社.

澤田匡人・新井邦二郎（2002）妬みの対処方略選択に及ぼす, 妬み傾向, 領域重要度, および獲得可能性の影響. 教育心理学研究, 50, 246–256.

Silver, M. & Sabini, J. (1978) The perception of envy. *Social Psychology*, 41, 105–117.

新村出編（2008）広辞苑, 第六版. 岩波書店.

Smith, R.H., Kim, S.H. & Parrott, W.G. (1988) Envy and jealousy: Semantic problems and experiential distinctions. *Personality and Social Psychology Bulletin*, 14, 401–409.

Smith, V. & Whitfield, M. (1983) The constructive use of envy. *Canadian Journal of Psychoanalytic Quarterly*, 40, 59–82.

Tesser, A., Campbell, J. & Smith, M. (1984) Friendship choice and performance : Self–evaluation maintenance in children. *Journal of Personality and Social Psychology*, 46, 561–574.

Tesser, A. & Collins, J. (1988) Emotion in social reflection and comparison situations : Intutive, systematic, and exploratory approaches. *Journal of Personality and Social Psychology*, 55, 695–709.

坪田雄二（1991）社会的比較によって生じる嫉妬と自尊感情の関連性の検討. 広島大学教育学部紀要（第 1 部), 40, 113–117.

内海新祐（1999）妬みの主観的経験の分析. 心理臨床学研究, 17, 488–496.

Topic 6

Cash, T.F., Cash, D.W. & Butters, J.W. (1983) " Mirror, mirror, on the wall...?" : Contrast effects and self–evaluations of physical attractive-

第6章

Bers, S.A. & Rodin, J. (1984) Social–comparison jealousy : A developmental and motivational study. *Journal of Personality and Social Psychology*, 47, 766–779.

Bridges, K.M.B. (1930) A genetic theory of the emotions. *Jornal of Genetic Psychology*, 37, 514–527.

DeSteno, D. & Salovey, P. (1996) Jealousy and the characteristics of one's rival : A self–evaluation maintenance perspective. *Personality and Social Psychology Bulletin*, 22, 920–932.

土居建郎・渡部昇一（1995）いじめと妬み—戦後民主主義の落とし子. PHP 研究所.

Festinger, L. (1954) A theory of social comparison process. *Human Relations*, 7, 117–140.

Frankel, S. & Sherick, L. (1977) Observations on the development of normal envy. *Psychoanalytic Study of the Child*, 32, 257–281.

Fromm, E. (1964) *The heart of man: Its genius for good and evil.*New York : Harper & Row.

Hart, S. & Carrington, H. (2002) Jealousy in 6–monthe–old infants. *Infancy*, 3, 395–402.

Heider, F. (1958) *The psychology of interpersonal relations*. New York : Wiley.

Masciuch, S. & Kienapple, K. (1993) The emergence of jealousy in children 4 months to 7 years of age. *Journal of Social and Personal Relationships*, 10, 421–435.

Parker, J.G., Low, C.M., Walker, A.R. & Gamm, B.K. (2005) Friendship jealousy in young adlescents : Individual differences and links to sex, self–esteem, aggression, and social adjustment. *Developmental Psychology*, 41, 235–250.

Parrott, W.G. & Smith, R.H. (1993) Distinguishing the experiences of envy and jealousy. *Journal of Personality and Social Psychology*, 64(6),

terpersonal attachments as a fundamental human motivation. *Psychological Bulletin*, 117(3), 497–529.
藤縄昭（1972）自我漏洩症状群について. 土居健郎編, 分裂病の精神病理. 東京大学出版会.
大磯英雄・小出浩之・村上靖彦・富山幸佑・殿村忠彦（1972）青年期に後発する異常な確信的体験（第２報）—自己の状態がうつると悩む病態について. 精神医学, 14, 49–55.
斉藤明子（2003）対人的嫌悪感情に対する社会心理学的研究. 九州大学心理学研究, 4, 187–194.
佐々木淳・丹野義彦（2003）自我漏洩感を体験する状況の構造. 性格心理学研究, 11(2), 99–109.
佐々木淳・丹野義彦（2004）自我漏洩感状況に対応した測定尺度の作成. 精神科診断学, 15(1), 25–36.
佐々木淳・丹野義彦（2005a）自我漏洩感の体験様式－強迫的侵入思考・抑うつ的自動思考との比較から. パーソナリティ研究, 13(2), 275–277.
佐々木淳・丹野義彦（2005b）大学生における自我漏洩感を苦痛にする要因. 心理学研究, 76(4), 397–402.
Sasaki, J. & Tanno, Y. (2006) Two cognitions observed in Taijin–kyofusho and social anxiety symptoms. *Psychological Reports*, 98, 395–406.
丹野義彦・石垣琢麿・杉浦義典（2000）妄想的観念の主題を測定する尺度の作成. 心理学研究, 71, 379–386.

Topic 5

Gilovich, T., Savitsky, K. & Medvec, V.H. (1998) The illusion of transparency : Biased assessments of others' ability to read one's emotional states. *Journal of Personality and Social Psychology*, 75, 332–346.
太幡直也（2006）被透視感の強さを規定する要因：自己への注意と他者の視点取得についての検討. 社会心理学研究, 22, 19–32.
太幡直也（2008）認知的負荷が懸念的被透視感によって生起する反応に与える影響. 心理学研究, 79(4), 333–341.

理学会第72回大会発表論文集, 1062.
Miller, R.S. (1996) *Embarrassment : Poise and peril in everyday life*. New York : Guilford Press.
Modigliani, A. (1971) Embarrassment, facework, and eye contact : Testing a theory of embarrassment. *Journal of Personality and Social Psychology*, 17, 15–24.
成田健一・寺崎正治・新浜邦夫（1990）羞恥感情を引き起こす状況の構造—多変量解析を用いて. 関西学院大学人文論究, 40, 73–92.
Parrott, W.G., Sabini, J. & Silver, M. (1988) The role of self–esteem and social interaction in embarrassment. *Personality and Social Psychology Bulletin*, 14, 191–202.
菅原健介（1998）人はなぜ恥ずかしがるのか—羞恥と自己イメージの社会心理学. セレクション社会心理学19. サイエンス社.
菅原健介・永房典之・佐々木淳・藤澤文・薊理津子（2006）青少年の迷惑行為と羞恥心ー公共場面における５つの行動基準との関連性. 聖心女子大学論叢, 107, 57–77.

Topic 4

薊理津子（2006）恥と罪悪感の機能の検討ーTangney の shame, guilt 理論を基に. 聖心女子大学大学院論集, 28, 77–96.
Gilbert, P. (1998) Shame and humiliation in the treatment of complex cases. In Tarrier, N., A. Wells, & G. Haddock, (Eds.), *Treating complex cases : The cognitive behavioural therapy approach*. John Wiley. pp.241–271.
Hale, R. (1994) The role of humiliation and embarrassment in serial murder. *Psychology : A Journal of Human Behavior*, 31 (2), 17–23.

第５章

Baumeister, R.F. & Leary, M.R. (1995) The need to belong : Desire for in-

Crick, N.R. & Dodge, K.A. (1994) A review and reformulation of social information-processing mechanisms in children's social adjustment. *Psychological Bulletin*, 115, 74–101.

Turiel, E. (1998) The development of morality. In Eisenberg, N. (Ed.), Damon, W. (Series Ed.), *Handbook of child psychology : Social, emotional, and personality development*, 5th ed. Vol.3. New York : Wiley. pp. 863–932.

第4章

Babcock, M.K. & Sabini, J. (1990) On differentiating embarrassment from shame. *European Journal of Social Psychology*, 20, 151–169.

Edelmann, R.J. (1985) Individual differences in embarrassment : Self-consciousness, self-monitoring and embarrassibility. *Personality and Individual Differences*, 6, 223–230.

Edelmann, R.J. & MacCusker, G. (1986) Introversion, neuroticism, empathy and embarrassibility. *Personality and Individual Differences*, 7, 133–140.

Helweg-Larsen, M. & Collins, B.E. (1994) The UCLA multidimensional condom attitudes scale : Documenting the complex determinants of condom use in college students. *Health Psychology*, 13, 224–237.

樋口匡貴（2000）恥の構造に関する研究. 社会心理学研究, 16, 103–113.

樋口匡貴（2002）公恥状況および私恥状況における恥の発生メカニズム－恥の下位情緒別の発生プロセスの検討. 感情心理学研究, 9, 112–120.

樋口匡貴（2004）恥の発生－対処過程に関する社会心理学的研究. 北大路書房.

樋口匡貴（2006）コンドーム購入場面における羞恥感情とその発生因. 日本社会心理学会第47回大会発表論文集, 334–335.

樋口匡貴・中村菜々子（2008）コンドーム使用促進に関する心理学的研究（6）—VTR を使用したコンドーム購入トレーニングの効果. 日本心

Benedict, R.F. (1946) *The Chrysanthemum and the sword : Patterns of Japanese culture*. Boston : Houghton Mifflin. [長谷川松治訳（2005）菊と刀. 講談社学術文庫.]

Davis, M.H. (1994) *Empathy : A social psychological approach*. Boulder : Westview. [菊池章夫訳（1999）共感の社会心理学. 川島書店.]

Ferguson, T.J. & Stegge, H. (1995) Emotion states and traits in children : The case of guilt and shame. In Tangney, J.P. & K.W. Fischer (Eds.), *Self-conscious emotions : Shame, guilt, embarrassment, and pride*. New York : Guilford Press. pp.174–197.

Keltner, D. & Buswell, B.N. (1996) Evidence for the distinctness of embarrassment, shame, and guilt: A study of recalled antecedents and facial expressions of emotion. *Cognition and Emotion*, 10, 155–171.

Klass, E.T. (1987) Situational approach to assessment of guilt : Development and validation of a self-report measure. *Journal of Psychopathology and Behavioral Assessment*, 9, 35–48.

Schlenker, B.R. & Darby, B.W. (1981) The use of apologies in social predicament. *Social Psychology Quarterly*, 44, 271–278.

新村出編（1998）広辞苑, 第五版. 岩波書店.

Tangney, J.P. (1995) Shame and guilt in interpersonal relationships. In Tangney, J.P. & K.W. Fisher (Eds.), *Self-conscious emotions : Shame, guilt, embarrassment, and pride*. New York : Guilford Press. pp.114–139.

Tangney, J.P., Miller, R., Flicker, L. & Barlow, D.H. (1996) Are shame, guilt, and embarrassment distinct emotions? *Journal of Personality and Social Psychology*, 70, 1256–1269.

Topic 3

Arsenio, W. & Lemerise, E. (2004) Aggression and moral development : Integrating social information processing and moral domain models. *Child Development*, 75 (4), 987–1002.

Hartshorne, H. & May, M. A. (1928) *Studies in the nature of character: Studies in deceit*. Macmillan.
金田一京助・見坊豪紀・金田一春彦・柴田武・山田忠雄（1985）新明解国語辞典, 第三版. 三省堂.
中里至正（1975）犯罪者成立の実験心理学的研究. 安香宏・麦島文夫編 犯罪心理学—犯罪行動の現代的理解. 有斐閣. pp. 193–205.
Sears, R. R. (1960) The growth of conscience. In Iscoe, I. & H. W. Stevenson (Eds.) *Personality development in children*. Univ. of Texas Press.

第3章

有光興記（2001）罪悪感, 恥と精神的健康の関係. 健康心理学研究, 14, 24–31.
有光興記（2002a）日本人青年の罪悪感喚起状況の構造. 心理学研究, 73, 148–156.
有光興記（2002b）恥と罪悪感. 教育と医学, 50, 72–79.
有光興記（2002c）罪悪感, 羞恥心と問題行動の関係. 日本心理学会第66回大会発表論文集, 881.
Arimitsu, K. (2002) Guilt, shame, embarrassment, anger, and the self. Poster presented at the International Congress of Applied Psychology Conference, Singapore.
有光興記（2006a）罪悪感, 羞恥心と共感性の関係. 心理学研究, 77, 97–104.
有光興記（2006b）罪悪感, 恥の喚起状況における赤面の自己救済効果. 日本心理学会第70回大会発表論文集, 1009.
有光興記（2006c）罪悪感の低減に及ぼす再帰属の効果. 第6回日本認知療法学会プログラム抄録集, 121.
有光興記（2008）罪悪感に対する有効な対処法. 日本感情心理学会第16回大会発表論文集, 21.

Izard, C. E. (1977) *Human emotions*. New York : Plenum Press. [荘厳舜哉監訳 (1996) 感情心理学. ナカニシヤ出版.]

金田一京助・見坊豪紀・金田一春彦・柴田武・山田忠雄 (1985) 新明解国語辞典, 第三版. 三省堂.

Leary, M. R. (1983) *Understanding social anxiety : Social, personality, and clinical perspectives*. Sage. [生和秀俊監訳 (1990) 対人不安. 北大路書房.]

永房典之 (2000) 恥意識尺度 (Shame–Consciousness Scale) 作成の試み. 日本心理学会第64回大会発表論文集, 127.

永房典之 (2002) 恥意識構造の国際比較. 日本社会心理学会第43回大会発表論文集, 314–315.

永房典之 (2004a) 恥意識尺度 (Shame–Consciousness Scale) 作成の試み. 東洋大学大学院社会学研究科紀要, 40, 42–47.

永房典之 (2004b) 若者と羞恥心. 菅原健介編, ひとの目に映る自己－「印象管理」の心理学入門. 金子書房. pp.26–41.

永房典之 (2005) 非行抑制要因としての恥意識に関する研究. 東洋大学大学院社会学研究科博士論文 (未公刊).

永房典之・佐々木淳・菅原健介・薊理津子・藤澤文 (2005) 公共場面における行動基準と問題行動 (４) －施設入所児の非行行為と行動基準. 日本心理学会第69回大会発表論文集, 206.

永房典之・中里至正 (2000) 世代における恥意識構造の違い. 日本グループ・ダイナミックス学会第48回大会発表論文集, 6－7.

菅原健介 (1984) 自意識尺度 (self–consciousness scale) 日本語版作成の試み. 心理学研究, 55, 184–188.

Tangney, J. P. (2003) Self–relevant emotions. Leary, M. R. & J. P.Tangney (Ed.), *Handbook of self and identity*. Guilford Press.

Topic 2

Eysenck, H. J. (1964) *Crime and personality*. Houghton Mifflin. [MPI 研究会訳 (1966) 犯罪とパーソナリティ. 誠信書房.]

惑行為と羞恥心－公共場面における５つの行動基準との関連性. 聖心女子大学論叢, 107, 57–77.

Topic 1

Benedict, R. F. (1946) *The chrysanthemum and the sword : Patterns of Japanese culture*. Boston : Houghton Mifflin. ［長谷川松治訳（2005）菊と刀. 講談社学術文庫.］

Benedict, R.F. (1934) *Patterns of Culture*. New York : Mentor. [福井七子訳（1997）日本人の行動パターン. NHK ブックス.］

土居健郎（1971）「甘え」の構造. 弘文堂.

井上忠司（1977）「世間体」の構造—社会心理史の歩み. 日本放送出版協会.

菅原健介（2005）羞恥心はどこへ消えた？　光文社新書.

第２章

Benedict, R. F. (1946) *The chrysanthemum and the sword : Patterns of Japanese culture*. Boston : Houghton Mifflin. ［長谷川松治訳（2005）菊と刀. 講談社学術文庫.］

Darwin, C. (1872) *The expression of the emotions in the man and animals*. Chicago : University of Illinois Press.

Freud, S. (1932) *New introductory lectures on psycho–analysis*. ［古沢平作訳（1953）続精神分析入門, フロイド選集３. 日本教文社 ; 懸田克躬・高橋義孝訳（1971）精神分析学入門（続）. フロイト著作集 1. 人文書院.］

橋本恵以子（1987）羞恥感情の研究（６）—児童における羞恥強度の国際比較. 聖母女学院短期大学研究紀要, 17, 55–60.

Hasimoto, E. & Shimizu, T. (1988) A cross–cultual study of the emotion of shame /embarassment : Iranian and Japanese children. *Phycologia*, 31, 1–6.

引 用 文 献

第1章

Baumeister, R.F. & Leary, M.R. (1995) The need to belong : Desire for interpersonal attachments as a fundamental human motivation. *Psychological Bulletin*, 117(3), 497–529.

Baumeister, R.F. & Tice, D.M. (1990) Anxiety and social exclusion. *Journal of Social and Clinical Psychology*, 9(2), 165–195.

Benedict, R.F. (1946) *The Chrysanthemum and the sword : Patterns of Japanese culture*. Boston : Houghton Mifflin. [長谷川松治訳 (2005) 菊と刀. 講談社学術文庫.]

井上忠司（1977）世間体の構造. NHK ブックス.

Leary, M.R. & Downs, D.L. (1995) Interpersonal functions of the self–esteem motive : The self–esteem system as a sociometer. In Kernis, M.H. (Ed.), *Efficacy, agency, and self–esteem*. New York : Plenum Press. pp.123–144.

Leary, M.R. (2001) Toward a conceptualization of inerpersonal rejection. In Leary, M.R. (Eds.), *Interpersonal Rejection*, 3–20. Oxford U. Press.

永房典之（2002）恥意識構造の国際比較－日本・アメリカ・トルコの中高生を対象にして. 日本社会心理学会第43回大会発表論文集, 574–575.

佐々木淳・菅原健介・丹野義彦（2005）羞恥感と心理的距離との逆U字的関係の成因に関する研究－対人不安の自己呈示モデルからのアプローチ. 心理学研究, 76(5), 445–452.

菅原健介（1992）新しい役割の遂行場面における「テレ」の現象について一初めて保育園教育実習を経験した学生への調査結果から. 江戸川大学紀要「情報と社会」2, 31–39.

菅原健介（1998）人はなぜ恥かしがるのか. サイエンス社.

菅原健介（2005）羞恥心はどこへ消えた？ 光文社新書.

菅原健介・永房典之・佐々木淳・藤澤文・薊理津子（2006）青少年の迷

㉓人前ではきまりが悪くて思うように自分を出せない。(F)

㉔よかれと思えば、相手の目を見て真面目な顔をしながら、嘘をつくことができる。(T)

㉕本当は嫌いな相手でも、表面的にはうまく付き合っていける。(T)

■**結果の解釈・参考となる平均値（SD）**　第12章「なぜその人は内定がもらえるのか？」を参照。スナイダー（Snyder, 1974）によって提唱されたセルフ・モニタリング傾向を測定し、点数が高いほどセルフ・モニタリング傾向の強い人であり、自分の信念や好みに反することでも、その場面で適切であると思ったときにはその行動をとることができる。反対にセルフ・モニタリング傾向の低い人は、自分の信念や好みに忠実であり、その場面に沿った行動をとることが苦手である。

〔文献〕

Briggs, S.R., Cheek, J.M. & Buss, A.H. (1980) An analysis of the self–monitoring scale. *Journal of Personality and Social Psychology*, 38, 679–686.

岩淵千明・田中國夫・中里浩明（1982）セルフ・モニタリング尺度に関する研究. 心理学研究, 53, 54–57.

Lennox, R.D. & Wolfe, R.N. (1984) Revised of the self–monitoring scale. *Journal of Personality and Psychology*, 46, 1349–1364.

Snyder, M. (1974) The self–monitoring of expressive behavior. *Journal of Personality and Social Psychology*, 30, 526–537.

Snyder, M. (1987) *Public appearances and private realities : The psychology of self–monitoring*. New York:Freeman.

■質問項目

①人の行動をまねるのは苦手である。(F)
②自分の気持ち、考え、信じていることを行動にそのまま表す。(F)
③パーティや集まりで、他の人が気に入るようなことを、言ったりやったりするつもりはない。(F)
④確信を持っていることしか主張できない。(F)
⑤あまり詳しく知らない話題でも、即興のスピーチができる。(T)
⑥自分を印象づけたり他の人を楽しませようとして、演技することがある。(T)
⑦人前でどう振る舞っていいかわからないとき、他の人の行動を見てヒントにする。(T)
⑧たぶん私はよい役者になれるだろうと思う。(T)
⑨映画、本、音楽などを選ぶとき、友人のアドバイスをめったに必要としない。(F)
⑩実際以上に感動しているかのように振る舞うことがある。(T)
⑪コメディを観ているとき、一人よりみんなと一緒の方がよく笑う。(T)
⑫グループの中で、めったに注目の的にはならない。(F)
⑬状況や相手が異なれば、まったく違う人間のように振る舞うことがよくある。(T)
⑭他の人から好意を持たれるようになるのが、特別上手なほうではない。(F)
⑮本当は楽しくなくても、楽しそうに振る舞うことがよくある。(T)
⑯私は、常に見かけのままの人間というわけではない。(T)
⑰人を喜ばせたり気にいってもらおうとして、自分の意見ややり方を変えたりはしない。(F)
⑱自分は、エンターティナーであると思ったことがある。(T)
⑲仲良くやっていったり気に入られるように、他の人が自分に望んでいることをする方である。(T)
⑳これまでに、ジェスチャーや即興の芝居のような遊びで、うまくできたためしがない。(F)
㉑いろいろな人や状況に合わせて自分の行動を変えていくのは苦手である。(F)
㉒パーティでは、冗談を言ったり話をしたりするのは他の人に任せて、自分は黙っているほうである。(F)

メージの比較や、他の変数との関連を検討することができる。また、選択されたシルエット図（のBMI）と実際のBMIとの対応関係を比較検討することも可能である。たとえば、真ん中のシルエット図はBMIで20～21の範囲と対応しているが、BMIが19の人が真ん中のシルエット図を現在の自分の体型と回答した場合、現在より太っている方向にボディ・イメージが歪んでいるということになる。BMIで22の人が、理想の体型として真ん中のシルエット図を選択した場合は、現在よりも痩せた体型を理想としていると解釈できる。bの場合、計測後に変換した値はBMIと同様に扱うことができるので、本人が思っている自分の体型のBMIと現実の体型のBMIとの比較を行うことが可能である。シルエット図による値が20で、現実のBMIが19だとしたら、それは、自分の体型を太った方向に認知しているということになる。この他にも、様々なボディ・イメージの比較や、様々な変数との関連についての検討が可能である。参考となる平均値は、第10章「なぜ人は痩せたがるのか？」を参照。

自己モニタリングの心理尺度

セルフ・モニタリング尺度（self–monitoring scale）

中村陽吉・他

［基本情報］

■**出典名**　中村陽吉編（2000）対面場面における心理的個人差－測定対象についての分類を中心にして. ブレーン出版.

■**適用年齢**　成人。

■**妥当性・信頼性**　大学生のデータ（N＝192）に基づき、項目分析を行い、25項目の一次元性が確かめられている。また、再テスト法（1カ月間隔）の結果は$r=.83$（$p<.01$）であり、信頼性が確かめられている。

［実施手続きと活用法］

■**教示・評定法**　25項目について真偽法によって回答を求める。また、Briggs et al.(1980)、岩淵ら（1982）などでは、“非常にそう思う”から“まったくそう思わない”の5件法で回答を求める場合もある。

■**採点法**　各項目の末尾についている符号が（T）のものについて肯定すれば1点、(F）のものは否定すれば1点となる。最高25点から0点までに分布する。

■適用年齢　使用方法による。「現在の体型」を尋ねるような場合は、18 歳～20 代。「20 歳になったときに理想とする体型」や「魅力的と思う 20 代の体型」などについて尋ねる場合は、年齢に制限されない。

■妥当性・信頼性　客観データに基づいたものであり、妥当性は極めて高いといえる。心理的評価（自然さ、リアルさ、および適切さ）でも良い結果が得られている。

［実施手続きと活用法］

■教示・評定法　使用方法により教示は異なる。a）痩せているシルエット図から太っているシルエット図へと順番に並べたもの（ランダムでも可）の中から、現在の体型や理想の体型と思うものを 1 つ選んでもらうという方法がある。このような場合は、「自分の体型と思うものを選んでください」や「理想の体型を選んでください」といった教示が可能である。また、b）シルエット図を痩せているものから太っているものの順に等間隔に並べ、下に横線を引き、現在の体型や理想の体型などに該当する箇所に印を記入して回答してもらう方法もある。この場合は、「自分の体型と思うところの線上に縦線で印をつけてください」や「同性からみて魅力的と思う体型のところの線上に印を記入してください」といった教示が可能である。この他にも、様々な使い方が考えられる。

■採点法　教示と評定方法により採点方法も変わってくる。a のように、シルエット図を選択してもらう場合は、そのまま 1 から 9 の数字にコーディングし、9 件法の質問項目の場合と同じように扱うのが一般的といえる。b の場合は、回答の印の記入された箇所を計測しその値を BMI に対応するように変換することにより（詳細は出典を参照のこと）、普通の BMI と同様の扱い方が可能となる。

■質問項目

BMI ごとに作成した 9 体のシルエット図からなる。BMI の小さい方から大きい方へと順に、i から ix の番号を与えている。サンプルとして、順番に並べた場合（の中程を省略したもの）を図 1 に示す。

図 1　シルエット図

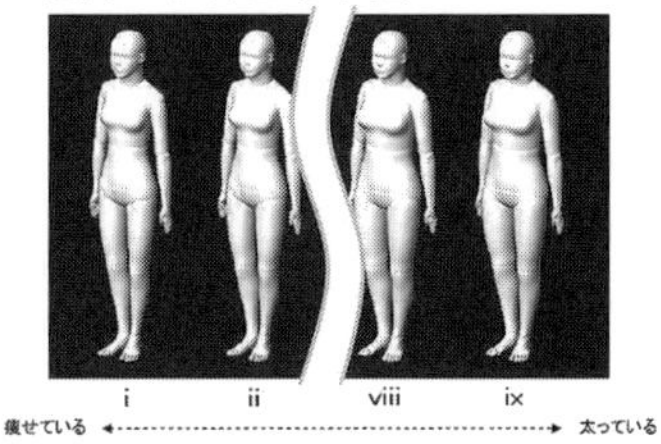

■結果の解釈・参考となる平均値（SD）

a の方法であれば、普通の尺度得点のように使用して、複数のボディ・イ

攻撃・拒否感情＝（⑥＋⑩＋⑬＋⑲＋⑳）／5

■質問項目

①不安　②かわいいと感じる
③信頼している　④恐い
⑤頼っている　⑥うっとうしい
⑦いとおしい　⑧好き
⑨自己嫌悪　⑩困る
⑪ありがたい　⑫気楽に感じる
⑬いらだち　⑭尊敬している
⑮悲しい　⑯辛い
⑰どきどき　⑱甘えたいと感じる
⑲嫌悪　⑳面倒

■結果の解釈・参考となる平均値（SD）　表5、第9章「なぜ人は恋に落ちるのか？」を参照。

表5　異性交際中の感情尺度の平均値（M）と標準偏差（SD）

	男性			女性		
	恋人	片思い	異性の友人	恋人	片思い	異性の友人
情熱感情	3.89 (0.66)	4.11 (0.60)	2.93 (1.10)	4.04 (0.62)	3.77 (0.60)	2.56 (0.93)
親和不満感情	2.10 (0.79)	2.27 (0.89)	2.06 (0.87)	2.20 (0.77)	2.82 (1.00)	1.83 (0.66)
尊敬・信頼感情	3.81 (0.67)	3.44 (0.85)	3.29 (0.94)	4.15 (0.60)	3.14 (1.10)	3.51 (0.75)
攻撃・拒否感情	2.11 (0.81)	1.69 (0.74)	1.83 (0.74)	1.93 (0.73)	1.84 (0.67)	1.77 (0.63)

身体イメージの心理尺度
Japanese Body Silhouette Scale type–I（J–BSS–I）
鈴木公啓

［基本情報］

■出典名　鈴木公啓（2007）新しい身体シルエット図（J–BSS–I）の作成，評価，および使用法．繊維製品消費科学，48, 768–775.

るほど、その欲求が高いことを示す。各尺度の平均値は、賞賛獲得欲求が、大学生男子 27.4 点（SD=6.34）、大学生女子 28.9 点（SD=6.25）。拒否回避欲求は、大学生男子 29.2 点（SD=6.16）、大学生女子 30.9 点（SD=6.35）である。

〔文献〕

太田恵子・小島弥生（1999）賞賛獲得・拒否回避傾向尺度の信頼性の検討―再テスト法による検討. 日本心理学会第 62 回大会発表論文集, 720.

菅原健介（1986）賞賛されたい欲求と拒否されたくない欲求―公的自意識の強い人に見られる 2 つの欲求について. 心理学研究, 57, 134–140.

恋愛の心理尺度

異性交際中の感情尺度

立脇洋介

[基本情報]

出典名　立脇洋介（2007）異性交際中の感情と相手との関係性. 心理学研究, 78(3), 244–251.

適用年齢　青年期以降（ただし、元論文では大学生を対象とした調査によって尺度を作成）。

妥当性・信頼性　α 係数は、情熱感情=.91、親和不満感情=.85、尊敬・信頼感情=.83、攻撃・拒否感情=.86。3 カ月後の再検査信頼性（相関係数）は、情熱感情=.67、親和不満感情=.63、尊敬・信頼感情=.65、攻撃・拒否感情=.59 である。モデルの適合度は、CFI=.882、AIC=656.14 となっている。

[実施手続きと活用法]

教示・評定法　あなたは、その人と一緒にいるときやその人について考えたときに、どのような感情になりますか。以下の感情について、最も当てはまると思うものをひとつ選び、○をつけてください。(5)いつも感じる、(4)たびたび感じる、(3)時々感じる、(2)ほとんど感じない、(1)全く感じない、の 5 段階評定。得点化は(5)を 5 点～(1)を 1 点とする。

採点法　下位感情ごとに、下記のように採点する。

情熱感情＝（②＋⑦＋⑧＋⑰＋⑱）／5

親和不満感情＝（①＋④＋⑨＋⑮＋⑯）／5

尊敬・信頼感情＝（③＋⑤＋⑪＋⑫＋⑭）／5

r=.76、第 1 回と第 3 回が r=.72 であった。「拒否回避欲求」は、第 1 回と第 2 回が r=.76、第 2 回と第 3 回が r=.75、第 1 回と第 3 回が r=.76 であった。

[実施手続きと活用法]

■教示・評定法 以下の項目は普段のあなたにどの程度あてはまりますか。あてはまるところに○をつけてください。「5. あてはまる」「4. ややあてはまる」「3. どちらともいえない」「2. あまりあてはまらない」「1. あてはまらない」の 5 件法。

■採点法 「5. あてはまる」を 5 点、「4. ややあてはまる」を 4 点、「3. どちらともいえない」を 3 点、「2. あまりあてはまらない」を 2 点、「1. あてはまらない」を 1 点として、賞賛獲得欲求（①～⑨)、拒否回避欲求（⑩～⑱）の各 9 項目の合計をそれぞれ算出する。得点範囲は、賞賛獲得欲求と拒否回避欲求ともに 9～45 点となる。

■質問項目

①人と話すときにはできるだけ自分の存在をアピールしたい
②自分が注目されていないと、つい人の気を引きたくなる
③大勢の人が集まる場では、自分を目立たせようとはりきるほうだ
④高い信頼を得るため、自分の能力は積極的にアピールしたい
⑤初対面の人にはまず自分の魅力を印象づけようとする
⑥人と仕事をするとき、自分の良い点を知ってもらうように張り切る
⑦目上の人から一目おかれるため、チャンスは有効に使いたい
⑧責任ある立場につくのは、皆に自分を印象づけるチャンスだ
⑨皆から注目され、愛される有名人になりたいと思うことがある
⑩意見を言うとき、みんなに反対されないかと気になる
⑪目立つ行動をとるとき、周囲から変な目で見られないか気になる
⑫自分の意見が少しでも批判されるとうろたえてしまう
⑬不愉快な表情をされると、あわてて相手の機嫌をとる方だ
⑭場違いなことをして笑われないよう、いつも気を配る
⑮優れた人々の中にいると、自分だけが孤立していないか気になる
⑯人に文句を言うときも、相手の反感を買わないように注意する
⑰相手との関係がまずくなりそうな議論はできるだけ避けたい
⑱人から敵視されないよう、人間関係には気をつけている

■結果の解釈・参考となる平均値（SD） 第 7 章「なぜ友だちとうまくいかないのか？」を参照。結果は、どちらの欲求においても得点が高くなればな

尺度平均値は、成人男性が61.82（SD=9.41）、成人女性が60.1（SD=10.5）、大学生男子が56.40（SD=9.64）、大学生女子が58.35（SD=9.02）、高校生男子が53.98（SD=7.45）、高校生女子が53.47（SD=9.06）である。また、菊池（2007）には男女の大学生と成人男性の標準化資料（パーセンタイル値）が載せられている。

〔文献〕

Goldstein, A.P., Sprafkin, R.P., Gershaw, N.J. & Klein, P. (1980) *Skill streaming the adolescent : A structured learning approach to teaching prosocial skills*. Research Press.

菊池章夫（1993）社会的出会いの心理学. 川島書店.

菊池章夫編（2007）社会的スキルを測る—KiSS–18ハンドブック. 川島書店.

評価懸念の心理尺度

賞賛獲得欲求・拒否回避欲求尺度

小島弥生・太田恵子・菅原健介

［基本情報］

■出典名　小島弥生・太田恵子・菅原健介（2003）賞賛獲得欲求・拒否回避欲求尺度作成の試み. 性格心理学研究, 11, 86–98.

■適用年齢　おもに大学生、成人が対象。

■妥当性　賞賛獲得欲求は、「他者からの注目を集め、賞賛を獲得しようとする欲求」であり、拒否回避欲求は、「他者からの否定的な評価を避けようとする欲求」である。本尺度は、自己呈示上の目標設定に影響を与える欲求の個人差を測定する尺度である。小島・太田・菅原（2003）の中で、菅原（1986）によって作成された両欲求を測定する尺度の9項目版との相関分析を行うことで妥当性の検証が行われている。賞賛獲得欲求と賞賛されたい欲求の相関係数は、r=.71（p<.01）、拒否回避欲求と拒否されたくない欲求の相関係数は、r=.66（p<.01）であった。

■信頼性

α係数は、賞賛獲得欲求がα=.83、拒否回避欲求はα=.82であった。再テスト法による信頼性は、太田・小島（1999）にて検証されている。1998年4月、6月、1999年1月の3時点で本尺度を測定し、相関分析を行った結果、「賞賛獲得欲求」は、第1回と第2回がr=.74、第2回と第3回が向社会的行動尺度、自己開示、シャイネスなど様々な尺度との関連により、構成概念妥当性が検証されている。

■**信頼性** α係数は、大学生（男子）がα=.83、大学生（女子）がα=.86である。

［実施手続きと活用法］

■**教示・評定法** 以下の文章を読んで、自分にどれだけ当てはまるか答えてください。5. いつもそうだ、4. たいていそうだ、3. どちらともいえない、2. たいていそうでない、1. いつもそうでない、の5件法。

■**採点法** 「5. いつもそうだ」を5点、「4. たいていそうだ」を4点、「3. どちらともいえない」を3点、「2. たいていそうでない」を2点、「1. いつもそうでない」を1点として、合計点を算出する。得点範囲は、18～90点。

■**質問項目**

①他人と話していて、あまり会話が途切れないほうですか
②他人にやってもらいたいことを、うまく指示することができますか
③他人を助けることを、上手にやれますか
④相手が怒っているときに、うまくなだめることができますか
⑤知らない人とでも、すぐに会話が始められますか
⑥まわりの人たちとのあいだでトラブルが起きても、それを上手に処理できますか
⑦こわさや恐ろしさを感じたときに、それをうまく処理できますか
⑧気まずいことがあった相手と、上手に和解できますか
⑨仕事をするときに、何をどうやったらよいか決められますか
⑩他人が話しているところに、気軽に参加できますか
⑪相手から非難されたときにも、それをうまく片付けることができますか
⑫仕事の上で、どこに問題があるかすぐに見つけることができますか
⑬自分の感情や気持ちを、素直に表現できますか
⑭あちこちから矛盾した話が伝わってきても、うまく処理できますか
⑮初対面の人に、自己紹介が上手にできますか
⑯何か失敗したときに、すぐに謝ることができますか
⑰まわりの人たちが自分とは違った考えをもっていても、うまくやっていけますか
⑱仕事の目標を立てるのに、あまり困難を感じないほうですか

■**結果の解釈・参考となる平均値（SD）** 第7章「なぜ友だちとうまくいかないのか？」を参照。結果は、得点が高いほど各スキルが高いことを示す。

⑧自分になにかたりないと感じると、困ってしまいます

■結果の解釈・参考となる平均値　第6章「なぜ人は嫉妬するのか？」を参照。本尺度は、妬み感情の抱きやすさに焦点を絞り、その個人差を簡便に測定する尺度である。澤田・新井（2002）は、スミスら（Smith et al., 1999）の妬み傾向尺度（Dispositional Envy Scale ; DES）に準拠して作成されている。妬みの統制可能性（①）、主観的不公正感（②⑦）、妬みの頻度（③）、妬みの一貫した強さ（④）、劣等感を抱く傾向（⑤⑧）、欲求不満傾向（⑥）を測定するもので、全8項目の合計得点が高いほど、調査対象者が妬みやすいことを示す。本尺度作成時における合計得点の平均は21.28、標準偏差は7.30であった。

〔文献〕

Smith, R.H., Parrott, W.G., Diener, E.F., Hoyle. R.H. & Kim, S.H.（1999）Dispositional envy. *Personality and Social Psychology Bulletin*, 25, 1007–1020.

社会的スキルの心理尺度

KiSS–18

菊池章夫

［基本情報］

■出典名　菊池章夫（1988）思いやりを科学する. 川島書店.

■適用年齢　高校生、大学生、成人。

■妥当性　社会的スキルとは、「対人関係を円滑にするスキル」であり、他者からの肯定的反応を引き出し、否定的反応を回避するための行動的側面と、具体的な行動を可能にする能力（コンピテンス）という認知的側面の2側面から捉えることが可能な概念である（菊池, 2007）。本尺度は、ゴールドスタインら（Goldstein et al., 1980）によって作成された、若者にとって必要な「初歩的なスキル」「より高度なスキル」「感情処理のスキル」「攻撃に代わるスキル」「ストレスを処理するスキル」「計画のスキル」という6種類のスキルを参考に作成された社会的スキルを測定する尺度である。なお、現在では、KiSS–18の中国語版も作成されており、日本との比較などが行われている。因子構造は、菊池（1993）によると、男子大学生100名を対象に調査を行った結果、「問題解決スキル」「トラブルの処理スキル」「コミュニケーションスキル」の3因子を抽出している。人当たりのよさ尺度、

妬みの心理尺度

児童・生徒用妬み傾向尺度

澤田匡人・新井邦二郎

［基本情報］

■出典名　澤田匡人・新井邦二郎（2002）妬みの対処方略選択に及ぼす, 妬み傾向, 領域重要度, および獲得可能性の影響. 教育心理学研究, 50, 246–256.

■適用年齢　小学３年生から中学３年生（8～15 歳頃まで）が望ましい。しかし、小中学生に必ずしも限定された項目内容ではないため、高校生以上の実施も可能である。

■妥当性　確認的因子分析の結果、１因子モデルでの適合度指標 CFI＝.90 と十分な値が得られている。また、関連が想定された特性変数（「攻撃性」と「劣等感情」）との相関は、性と学年別にそれぞれ算出されているが、もれなく有意な正の相関が認められており（r＝.21～.46）、構成概念妥当性が確かめられている。

■信頼性　８項目の I−T 相関は.36～.65 の範囲内、α 係数は.80 であり、十分な信頼性が認められている。

［実施手続きと活用法］

■教示・評定法　これから書いてあることは、あなた自身に、どれくらいあてはまりますか。それぞれの質問について、もっともあてはまるものを「はい」「どちらかといえばはい」「どちらともいえない」「どちらかといえばいいえ」「いいえ」の５つの中から１つだけ選んで○をつけてください。

■採点法　「いいえ」１点、「どちらかといえばいいえ」２点、「どちらともいえない」３点、「どちらかといえばはい」４点、「はい」５点として、８項目の合計得点を求める。

■質問項目

①たとえどんなことをしていても、うらやましく思うとなやんでしまいます
②正直言って、友だちがうまくいくと腹が立ちます
③わたしは、毎日のようにうらやましさを感じています
④うらやましいと感じると、いつもわたしは苦しみます
⑤ほかの人より自分ができないと感じるのは、つらいですが本当のことです
⑥なんでも上手にすぐできる人を見るのは不満です
⑦すべての才能をもっているかのような人たちがいることは、少し公平でないと思います

㉞親友と約束をしていたのに面倒くさくなってウソをついて断ったとき、聞き入れてはくれたものの、ウソだということがばれてしまっているのではないか、と感じた。
㉟大声で言い間違いをしてしまったが気づかぬふりをしているとき、恥ずかしい気持ちが悟られてしまっているかのように感じた。
㊱風呂に入らずに寝てしまって朝すぐに出かけてしまったとき、体臭に気づかれたら、周りの人に不潔な人間だと見透かされるのではないかと思った。

㊲普段から苦手だなと思っている友だちと話すとき、苦手意識が表情に出て相手に見透かされてしまったかなと感じた。

㊳大学などの合格判定が良かったとき、友人に喜んでいる気持ちがばれてしまっているような気がした。

㊴都合の悪いことがあったので適当に親友に言い訳してしまったとき、その人は何も言わないがばれてしまっているのではないか、と感じた。

㊵嫌いな人と話しているとき、自分がその人を嫌いだということが表情で悟られてしまったように感じた。

■**結果の解釈・参考となる平均値（SD）**　表4、第5章「なぜ人は嫌われていると感じるのか？」を参照。各項目の平均値と標準偏差については、佐々木・丹野（2004）を参照のこと。

表4　各下位尺度の基本統計量

下位尺度名	項目数	体験率（%）	苦痛の体験率（%）	体験頻度※平均値（SD）	苦痛度※平均値（SD）
「苦手な相手状況」の自我漏洩感	8	67	66	2.2（0.8）	2.2（0.9）
「赤面・動揺状況」の自我漏洩感	9	78	73	2.5（0.8）	2.5（0.8）
「不潔状況」の自我漏洩感	7	43	64	1.7（0.7）	2.5（1.1）
「親しい人にお見通し状況」の自我漏洩感	8	62	64	2.0（0.8）	2.3（0.9）
「賞賛される状況」の自我漏洩感	8	61	52	2.0（0.8）	1.9（0.8）

※　平均値（SD）は、下位尺度（項目合計点）を項目数で除した数値。

⑲一日中はいた靴を脱いで人の部屋に入らなければならないとき、足の臭いに気づかれたら周りの人に不潔な人だと見透かされるのではないか、と感じた。
⑳親友に見栄をはってウソをついてしまったとき、何の追及もされていないのになぜだか見栄をはったことがばれてしまっているような気がした。
㉑自分のレポートが匿名で発表されたとき、顔がにやけていたりして嬉しいのがばれてしまったのではないかと感じた。
㉒体臭が臭いと気づかれたら、自分が風呂にも入らない不潔な人間だと思われるのではないかと感じた。
㉓自分がついたウソについて母親が詳細に問いただしてくるとき、実はばれてしまっているのではないか、と感じた。
㉔他にも候補がいる中で自分だけが何かの代表に選ばれたとき、他の候補に誇らしい気持ちを悟られているような気がした。
㉕自分の腋の臭いに気づかれたとき、不潔な人間だと見透かされているのではないかと感じた。
㉖見栄をはってウソをついたが母親にはばれてしまうとき、どうしてばれてしまうのだろうかと不思議に思った。
㉗あまり人に知られたくないようなことや変なことを考えていてふと人と目が合ったとき、変なことを考えていたことがわかってしまったのではないか、と思った。
㉘前の日にシャンプーできなかったとき、髪の臭いに気づかれたらきれい好きではないことが悟られるのではないかと感じた。
㉙一人で歩いていて派手につまずいてしまったのを偶然通りすがりの人にみられてしまったとき、自分が動揺したことや取り繕ったことがばれてしまっていると感じた。
㉚苦し紛れにウソをついたが親友にはばれてしまうとき、なぜばれてしまうのだろうかと不思議に思った。
㉛いい成績だったテストや課題について人と話しているとき、自分の得意な気持ちが他の人に伝わってしまっているのではないかと感じた。
㉜あまり親しくない人と話さなければならないとき、実は真剣に聞いていなくてごまかしていることが態度や表情から相手にばれてしまったと思った。
㉝嫌なことがあって涙目になってしまったとき、周囲の人に自分の悲しい気持ちや不快な気持ちを悟られてしまったのではないかと感じた。

平静を装おうとしていることがばれてしまっているように感じた。
④皆からあまり好かれていない友人に話しかけられたとき、笑おうとしているのに顔が引きつっていて相手に自分が無理していることがばれてしまったかな、と思った。
⑤口臭が臭いと気づかれることによって、自分が歯も磨かない不潔な人間であることが悟られるのではないかと思った
⑥人の前で間違いを公然と指摘され、顔を赤らめているとき、自分がばつの悪い思いをしていたり恥ずかしいと感じていることがばれてしまうように感じた。
⑦苦手な人と話しているとき、顔が引きつってしまって相手に自分が無理をしていることが悟られてしまったように感じた。
⑧特に何も言わなくてもどんな行動をしていたのか母親にばれてしまっているとき、何で見透かされるのだろうかと、不思議に思ったり驚いたりした。
⑨テストなどで他の友人よりもいい点を取ったとき、嬉しいと感じていることを悟られたのではないか、などと感じた。
⑩嫌いな人に話しかけられたとき、その人のことを嫌だと思っていることが顔に出てばれてしまったのではないかと感じた。
⑪異性との仲をからかわれて赤面してしまったとき、動揺していることがばれてしまっているように感じた。
⑫嫌いな人やあまり親しくない人と話すとき、知らず知らずのうちに苦手意識が自分の目つきや表情に出てしまい、相手にそれがわかってしまったかなと感じた。
⑬他の友だちも一緒にいるのに自分にだけ異性が話しかけてくるとき、得意な気持ちが周りの友だちに見透かされたような気がした。
⑭友人に約束していたことを急に取り消されたとき、口では許しつつも顔がこわばっていて本心が伝わってしまったのではないか、と感じた。
⑮人にひどいことを言われたり嫌なことを頼まれたりしたとき、不快感がうっかり表情や目つきに出ていたのではないか、と感じた。
⑯歯を磨いていないとき、そのことが口臭によってばれるのではないかと思った。
⑰何か悪いいたずらをしてそれを隠すためにウソをついたが母親にはばれてしまったとき、なぜ悟られてしまうのだろうかと感じた。
⑱クラブなどの先輩が、他の人もいる所で自分だけを誉めてくれたとき、他の人が自分の嬉しい気持ちを見透かしているかのように感じた。

て、教示文の次に、②の評定法についての説明を加える。「以下に挙げる文章は次のような共通点を持っています。つまり、言葉を交わしたわけではないのに、**自分の考えていることが周りの人に見透かされてしまう**と感じたり、**自分の思っていることが周りの人にわかられてしまう**と感じたり、**他人から自分のこころが読まれる**と感じられたりする体験です。そしてどの場面〰〰線部の出来事をきっかけにして、**太字部分の考え**が生じる、という構造をもっています。これらの体験について、自分にも似たような体験があるかどうかをゆっくりと思い出してみてください」。

(a)**頻度を問うとき：**〰〰線部のような出来事の後で、太字部分のような考えが生じることはどれぐらいありますか？　下の1~5のうち、当てはまるものを一つ選び、回答欄の番号を○で囲んでください。1：まったくない、2：たまにある、3：ときどきある、4：しばしばある、5：いつもある。

(b)**苦痛度を問うとき：太字部分**のような体験はあなたにとってどの程度苦痛ですか？　下の1~5のうち、当てはまるものを一つ選び、回答欄の番号を○で囲んでください。1：まったく苦痛ではない、2：余り苦痛とは感じない、3：少し苦痛である、4：かなり苦痛である、5：非常に苦痛である。

■**採点法**　1：1点~5：5点として採点し、下記の計算式を元に合計得点を算出する（逆転項目はない）。

「**苦手な相手状況**」の自我漏洩感（8項目）＝④＋⑦＋⑩＋⑫＋⑭＋㉜＋㊲＋㊵

「**赤面・動揺状況**」の自我漏洩感（9項目）＝②＋③＋⑥＋⑪＋⑮＋㉗＋㉙＋㉝＋㉟

「**不潔状況**」の自我漏洩感（7項目）＝⑤＋⑯＋⑲＋㉒＋㉕＋㉘＋㊱

「**親しい人にお見通し状況**」の自我漏洩感（8項目）＝⑧＋⑰＋⑳＋㉓＋㉖＋㉚＋㉞＋㊴

「**賞賛される状況**」の自我漏洩感（8項目）＝①＋⑨＋⑬＋⑱＋㉑＋㉔＋㉛＋㊳

■**質問項目**

①他の人の前で先生に課題の出来を誉められているとき、**他の人が自分の得意な気持ちを見透かしているかのような気がした。**

②何かで失敗してショックをうけたが平静を保とうとしているところを周りの人にみられているとき、**自分の気持ちが見透かされているように感じた。**

③友だちにからかわれて顔が赤くなってしまったとき、**動揺していることや**

表3　気まずさ発生状況における羞恥感情得点の平均値（樋口，2000）

	混乱的恐怖	自己否定感	基本的恥	自責的萎縮感	いたたまれなさ	はにかみ・もどかしさ
公恥状況	2.170 (0.780)	3.309 (0.787)	2.744 (0.889)	1.989 (0.777)	2.653 (0.842)	2.170 (0.770)
私恥状況	1.694 (0.690)	2.869 (0.743)	1.503 (0.624)	2.417 (0.781)	2.515 (0.862)	2.262 (0.720)
対人緊張状況	2.449 (0.816)	1.243 (0.540)	2.379 (0.781)	1.444 (0.635)	1.866 (0.861)	2.170 (0.766)
対人困惑状況	1.612 (0.614)	1.288 (0.493)	1.263 (0.464)	1.238 (0.415)	1.862 (0.752)	1.908 (0.649)
照れ状況	1.415 (0.478)	1.025 (0.130)	1.746 (0.619)	1.133 (0.297)	1.267 (0.438)	1.959 (0.679)
性的状況	1.828 (0.707)	1.454 (0.764)	2.224 (0.869)	1.494 (0.618)	2.145 (0.967)	2.109 (0.870)

対人恐怖の心理尺度

自我漏洩感状況尺度

佐々木淳・丹野義彦

［基本情報］

■**出典名**　佐々木淳・丹野義彦（2004）自我漏洩感状況に対応した測定尺度の作成. 精神科診断学, 15(1), 25–36.

■**適用年齢**　高校生以上に実施可能。青年および成人。中学生以下に使用する場合は、質問項目を適切に理解できているのか予備的に確認して使用する必要があると考えられる。

■**妥当性**　自我漏洩感状況尺度は5つの下位尺度をもつ計40項目の尺度である。収束的妥当性（加害観念・疎外観念・相互作用不安・聴衆不安尺度との相関）は、対人不安との相関の一部に低い値のものもあるが、おおむね正の有意な相関が得られている。構成概念妥当性（自己関係付け・拒否回避欲求との相関）に関しても正の有意な相関が得られている。

■**信頼性**　α係数は.85～.93であり、内的一貫性は高い。再検査信頼性は.76～.84であり、おおむね高いといえる。

［実施手続きと活用法］

■**教示・評定法**　以下の教示文を質問紙の最初におく。聞きたいことにあわせ

■適用年齢　大学生。

■妥当性・信頼性　気まずさと同一概念と考えられる羞恥感情は、その感情内容も“気恥ずかしい”といった状態から“情けない”といった状態までさまざま存在する。そのさまざまな感情状態（下位情緒）を測定するための尺度がこの状態羞恥感情測定尺度である。樋口（2000）において、内容的妥当性、各因子ごとの再検査信頼性、クロンバックのα係数が算出されている。また、状況との関連の検討を通じて、構成概念妥当性の検定もなされている。

［実施手続きと活用法］

■教示・評定法　何らかの状況を呈示し、その状況において以下の感情それぞれをどの程度感じるか評定させる。「感じない」（1点）～「非常に感じる」（4点）の4段階評定。

■採点法　各項目の得点を因子ごとに加算平均する。

■質問項目

Ⅰ．混乱的恐怖

●おどおどした気持ち　●怖さ　●うろたえ　●ドギマギした気持ち　●困惑　●ギクシャクした気持ち　●あがり

Ⅱ．自己否定感

●情けなさ　●みじめさ　●くやしさ

Ⅲ．基本的恥

●恥じ入り　●恥じらい　●気恥ずかしさ　●恥ずかしさ　●赤っ恥

Ⅳ．自責的萎縮感

●気おくれ　●後ろめたさ　●面目なさ

Ⅴ．いたたまれなさ

●ばつの悪さ　●気まずさ　●気づまり

Ⅵ．はにかみ・もどかしさ

●もどかしさ　●はにかみ

注：このままでは項目数が多いため、各因子ごとに上から3項目ずつ使用する方法もとられており、その場合も十分なα係数が得られている。

■結果の解釈・参考となる平均値（SD）　第4章「なぜ人はそのとき気まずくなるのか？」を参照。羞恥感情の発生状況ごとに各因子の得点を示した得点は表3（219ページ）のとおりである。

⑮一方的な自分の理由で恋人と別れたとき
⑯間違って多くもらったお釣りをそのままにしたとき
⑰他人との約束を破ったとき
⑱友人を裏切ったとき
⑲約束の時間に遅れたとき
⑳隠し事をしているとき
㉑親に金銭的負担をかけていると思ったとき
㉒やらなければならないことをさぼったとき
㉓相手の好意を無駄にしたとき
㉔動物を殺したとき
㉕愛情のない性交渉をしたとき
㉖困っている人を見て見ぬ振りをしたとき
㉗友人に借りた物を返し忘れていることに気づいたとき
㉘他人のお菓子を食べたとき
㉙自分自身で立てた約束を守らなかったとき
㉚バイトを辞めたとき
㉛万引きをしたとき
㉜授業に出ていなくて、テスト前だけ友人に頼ってしまうとき
㉝相手の傷つくことを言ったとき
㉞他人の日記を勝手に読んだとき
㉟食べ残しをしたとき
㊱人の死を重く受け止められなかったとき
㊲親の財布からお金をとったとき

■**結果の解釈・参考となる平均値（SD）**　第3章「なぜ人は罪悪感をもつのか？」を参照。大学生500名を対象とした調査（有光, 2002）では、平均値＝116.0、SD＝3.6であった。

羞恥感情の心理尺度

状態羞恥感情測定尺度

樋口匡貴

［基本情報］

■**出典名**　樋口匡貴（2000）恥の構造に関する研究. 社会心理学研究, 16, 103–113.

罪悪感の心理尺度

罪悪感喚起状況尺度

有光興記

[基本情報]

■出典名　有光興記（2002）日本人青年の罪悪感喚起状況の構造. 心理学研究, 73(2), 148–156.

■適用年齢　16 歳以上。

■妥当性　構成概念妥当性：共感性、攻撃性、問題行動との関連が認められている。

■信頼性　α=.91　再検査信頼性（27 週間）=.81。

[実施手続きと活用法]

■教示・評定法　以下にさまざまな状況が書かれてあります。その状況におかれたとき、あなたはどの程度罪悪感を感じると思いますか。あなた自身が当てはまると思うところ 1 つに○印をつけてください。これまでに経験したことのない状況については、想像したうえで回答してください。(1)全く感じない、(2)どちらかと言えば感じない、(3)どちらかと言えば感じる、(4)非常に感じる。

■採点法　(1) 1 点～(4) 4 点として採点し、37 項目の得点を合計する。

■質問項目

①他人に迷惑をかけたとき
②街中で、ラブシーンを見たとき
③高価な物を買ってもらったとき
④お年寄りに席を譲れなかったとき
⑤ミスをしたとき
⑥不機嫌な態度をとって周りに当たり散らしたとき
⑦友人を仲間外れにしたとき
⑧自分が未成年であるのに、お酒を飲んだとき
⑨友人の物をなくしたとき
⑩暴力を振るったとき
⑪自分のわがままを相手が受け入れてくれたとき
⑫友人がいじめられているのを知りながら何もできなかったとき
⑬嘘をついたとき
⑭あやまって相手を怪我させたとき

「**同調不全**」：他者と同調できないことから生じる恥意識。

「**社会規律違反**」：社会的に遵守すべきルールからの逸脱によって生じる恥意識。

「**視線感知**」：周囲の他者からの注視や他者視線を感じることから生じる恥意識。

恥意識尺度の高低については平均点と標準偏差を目安とする。参考までに、試案尺度の結果ではあるが大学生を対象にした場合の結果を表2に示す。

表2 JSCS（日本版・恥意識尺度）の平均値（M）と標準偏差（SD）

日本版恥意識尺度（JSCS）下位因子					JSCS
	自己内省	同調不全	社会規律違反	視線感知	恥意識合計
大学生男子 n＝145	14.36 (3.33)	12.01 (2.90)	7.55 (2.38)	11.11 (2.79)	53.17 (9.32)
大学生女子 n＝84	14.66 (2.87)	13.35 (2.88)	8.10 (1.85)	11.75 (2.32)	56.82 (8.40)
合計 n＝229	14.47 (3.16)	12.52 (2.96)	7.76 (2.21)	11.35 (2.63)	54.51 (9.15)

注：永房（2001）に基づき作成。（　）の数値がSD。

〔文献〕

Edelman, R.J. (1985) Social embarrassment : An analysis of the process. *Journal of Social and Personal Relationships*, 2, 195–213.

橋本恵以子・清水哲郎（1984）羞恥感情の研究（4）―女子成人を対象に. 聖母女学院短期大学研究紀要, 13, 58–68.

永房典之（2000）恥意識尺度（Shame–Consciousness Scale）作成の試み. 日本心理学会第64回大会発表論文集, 127.

永房典之・中里至正（2000）世代における恥意識構造の違い. 日本グループダイナミックス学会第48回大会発表論文集, 6–7.

永房典之（2001）日本の若者における恥意識の特徴―道徳性と自己意識からの検討. 東洋大学社会学研究科大学院紀要, 第37集, 17–37.

成田健一・寺崎正治・新浜邦夫（1990）羞恥感情を引き起こす状況の構造―多変量解析を用いて. 人文論究（関西学院大学文学部紀要）, 40, 73–92.

岡野憲一郎（1998）恥と自己愛の精神分析―対人恐怖から差別論まで. 岩崎学術出版社.

園原太郎（1934）羞恥感の心理学的研究. 心理学研究，9, 105–148.

い、2. あまり恥ずかしくない、3. 少し恥ずかしい、4. 恥ずかしい、の 4 件法で回答する。

■採点法　①から⑰までの質問項目について、「1. 恥ずかしくない」を 1 点～「4. 恥ずかしい」を 4 点として採点し、それらの合計得点が「恥意識得点」となる。基本的には、17 項目の合計点のみを算出する。そして、研究目的や研究内容などの必要に応じて、因子分析を行い、下位因子別に得点を算出する。因子構造は、対象の学齢によって異なる（永房・中里, 2000）が参考までに大学生の因子分析（主因子法・バリマックス回転）の結果を示す。下位因子には、「**自己内省**」「**同調不全**」「**社会規律違反**」「**視線感知**」の 4 因子構造がみられる。質問項目は、「**自己内省**（③④⑥⑪⑭）」「**同調不全**（⑤⑩⑫⑬⑮）」「**社会規律違反**（②⑦⑧）」「**視線感知**（①⑨⑯⑰）」である。

■質問項目

①電車の中で携帯電話を使って話すとき
②特別な理由もないのに約束を破るとき
③マナー違反をしている人に注意をしないとき
④自分の思っていることをはっきり話せないとき
⑤グループからのけ者にされたとき
⑥自分の正しいと思うことができないとき
⑦約束の時間に遅刻したとき
⑧集合へ遅れて入っていくとき
⑨公共の場で大声で騒いでいるとき
⑩周りの人との話題についていけないとき
⑪道端にゴミを捨てるとき
⑫周りの人と違うことをするとき
⑬誰もがもっている流行のものをもっていないとき
⑭立っているお年寄りに席をゆずれないとき
⑮他の人にできることができなかったとき
⑯電車でヘッドフォンを大きな音で聞いているとき
⑰店のレジで買い物に手間取ったとき

注：本尺度は、永房（2000；2004）の試案をもとに項目を精選し、尺度化したものである。

■結果の解釈・参考となる平均値（SD）　第 2 章「なぜ人は心にブレーキをかけるのか？」を参照。得点が高いほど、恥意識傾向が高いことを表す。

「**自己内省**」：自己の情けなさや不甲斐無さから生じる自省的な恥意識。

「地域的セケン」：地域社会からの評価を重視する行動基準。
「他者配慮」：無関係な他者に対しても配慮をする行動基準。
「公共利益」：社会全体の利益や公平さを行動基準とする。

表１　行動基準尺度の平均値（M）と標準偏差（SD）

	行動基準尺度（SPS－20）下位因子				
	自分本位	仲間的セケン	地域的セケン	他者配慮	公共利益
大学生男子 (N=116)	7.13 (3.01)	9.45 (3.36)	14.93 (3.63)	14.96 (2.82)	15.84 (2.66)
大学生女子 (N=474)	7.25 (3.00)	9.54 (3.45)	15.94 (3.48)	15.35 (2.77)	16.80 (2.41)

恥の心理尺度

日本版・恥意識尺度（JSCS:Japanese Shame–Consciousness Scale）

永房典之

［基 本 情 報］

■**出典名**　永房典之（2004）恥意識尺度（Shame–Consciousness Scale）作成の試み. 東洋大学大学院社会学研究科紀要, 第 40 集, 42–47.

■**適用年齢**　満 10 歳以上。小学生、中学生、高校生、大学生、成人以上に実施可能。ただし、小学生で実施する場合には、漢字にフリガナをつける必要がある。

■**妥当性**　尺度項目は、羞恥感情の先行研究（園原, 1934 ; 橋本, 1984 ; Edelman, 1985 ; 成田, 1990 ; 岡野, 1998）を参考にし、さらに大学生と専門学校生を対象にした恥の自由記述調査の結果に基づいている（永房, 2000 ; 2004）。

■**信頼性**　信頼性分析の結果、クロンバックの α 係数は恥意識尺度の 17 項目全体では α=.80 であった。下位因子別では、自己内省が α=.72、同調不全が α=.67、社会規律違反が α=.69、視線感知が α=.59 であり、尺度の内的一貫性が確かめられている（永房, 2001）。

［実 施 手 続 き と 活 用 法］

■**教示・評定法**　以下のような状況のとき、あなたの感じ方で最も近いであろう番号一つに○をつけてください（小学生・中学生の場合には、「成績には関係ありませんので、正直に答えてください、と続ける）。1. 恥ずかしくない。

5. よくあてはまる、4. 少しあてはまる、3. どちらでもない、2. あまりあてはまらない、1. 全くあてはまらない、の5件法で回答する。

■採点法　「5. よくあてはまる」を5点、「1. 全くあてはまらない」を1点として採点し、5つの因子別に4項目の合成得点を算出する。因子別の項目は、**自分本位**（①～④）、**仲間的セケン**（⑨～⑫）、**地域的セケン**（⑤～⑧）、**他者配慮**（⑬～⑯）、**公共利益**（⑰～⑳）。

■質問項目

①お金さえはらえば何をしても許される
②法律に違反さえしなければ、あとは個人の自由だ
③人に怒られなければ何をしてもよいと思う
④何をしようが自分の勝手だと思う
⑤何か問題をおこして近所の噂になるのは嫌だ
⑥周りから変な人と思われないように気をつけている
⑦警察につかまったら、恥ずかしくて世の中に顔向けできない
⑧世間から笑われるようなことだけはしたくない
⑨友だちのみんながやっていることに乗り遅れたくない
⑩友だちがみんなで悪いことをしているのに自分だけ裏切れない
⑪悪いことでもみんなで一緒にやれば平気でできてしまう
⑫仲間がみんなやっているのに自分だけやらないのは恥ずかしい
⑬自分が誰かの迷惑になっていないか常に気を遣う
⑭見知らぬ人に対してでも相手の立場になって考える
⑮他人に迷惑がかかりそうなら身勝手な行動は慎む
⑯大勢の人がいる場所ではお互い同士もっと気を遣うべき
⑰みんなで話し合って決めたことは守らなければならない
⑱どんな人に対してでも人権を尊重する
⑲仲間と考えが違ったりしても、それぞれの意見を大切にする
⑳多数の人の意見だけでなく、少数の意見にも耳をかたむけるべき

■結果の解釈・参考となる平均値（SD）　表1（225ページ）、第1章「なぜ人は世間が気になるのか？」を参照。得点が高いほど、公共場面におけるその行動基準傾向が高いことを示す。5つの下位因子の特徴は以下のとおりである。

「**自分本位**」：他者の目を気にせず自身の自由や利益を大切にする行動基準。

「**仲間的セケン**」：身近な人間関係、仲間集団と歩調を合わせることを行動基準とする。

■

勉強や研究に役立つ心理尺度

■

公共場面での社会的行動の心理尺度

行動基準尺度（Standard for Public Space Scale: SPS－20）

菅原健介・永房典之・佐々木淳・藤澤文・薊理津子

［基本情報］

■**出典名**　菅原・永房・佐々木・藤澤・薊（2006）青少年の迷惑行為と羞恥心－公共場面における５つの行動基準との関連性. 聖心女子大学論叢, 第107集, 57–77.

■**適用年齢**　満12歳（中学生）以上。

■**妥当性**　構成概念妥当性として、「**自分本位**」「**仲間的セケン**」「**地域的セケン**」「**他者配慮**」「**公共利益**」の基準は、この順に準拠集団の範囲は広くなると考えられる。尺度が妥当ならば、隣り合った行動基準は類似しているので、相互の相関は高くなり、離れた行動基準の相関は低くなるはずである。特定の２つの基準の偏相関係数を、他の３つの基準をコントロールした上で算出したところ、隣接した基準間のみ関連性が示され、他の組み合わせについては無相関、もしくは.10以下の極めて弱い相関しか認められなかったことから、本尺度の構成概念妥当性が支持されるものといえる。また、自己報告に基づく迷惑行為経験との関係は、行動基準尺度の「**地域的セケン**」「**他者配慮**」「**公共利益**」が迷惑行為経験と負の相関、「**自分本位**」と「**仲間的セケン**」が迷惑行為経験と正の相関を示している。

■**信頼性**　各下位尺度に関して α 係数を算出したところ、.72～.81とおおむね満足できる値を示している。

［実施手続きと活用法］

■**教示・評定法**　街中や電車の中などで行動するとき、以下の項目はあなたの考え方にどの程度当てはまりますか。当てはまる程度に○をつけてくださ

藤澤 文（ふじさわ・あや）　Topic 3

鎌倉女子大学児童学部講師。博士（人文科学）。専門は教育心理学。

薊 理津子（あざみ・りつこ）　Topic 4

聖心女子大学非常勤講師。専門は社会心理学。

太幡 直也（たばた・なおや）　Topic 5

常磐大学人間科学部助教。博士（心理学）。専門は社会心理学。

大久保 暢俊（おおくぼ・のぶとし）　Topic 6

東洋大学エコ・フィロソフィ学際研究イニシアティブ研究員。専門は社会心理学。

結城 裕也（ゆうき・ひろや）　Topic 7

立教大学現代心理学部助手。専門は社会心理学。

赤川（旧 幸田） 紗弥華（あかがわ・さやか）　Topic 10

清和大学非常勤講師。聖心女子大学大学院博士後期課程。専門は社会心理学。

佐藤 史緒（さとう・しお）　Topic 11

東洋大学人間科学総合研究所奨励研究員。専門は社会心理学。

細川 隆史（ほそかわ・たかし）　Topic 12

東洋大学人間科学総合研究所奨励研究員。専門は社会心理学。

松井 豊（まつい・ゆたか） 第9章

筑波大学人間系教授。文学博士。専門は社会心理学（対人心理学、臨床社会心理学）。主な著書・論文に『改訂新版 心理学論文の書き方―卒業論文や修士論文を書くために』（河出書房新社、2010）、「2007年新潟県中越沖地震の被災介護職員のストレス反応」（日本集団災害医学会誌、第16巻1号、2011）などがある。

鈴木 公啓（すずき・ともひろ） 第10章

東京未来大学こども心理学部助教。博士（社会学）。専門はパーソナリティ心理学、社会心理学。主な著書・論文に『パーソナリティ心理学概論』（編、ナカニシヤ出版、2012）、「痩身願望および痩身希求行動の規定要因―印象管理の観点から」（心理学研究、第83巻、2012）などがある。

西村 洋一（にしむら・よういち） 第11章

北陸学院大学人間総合学部准教授。博士（心理学）。専門は社会心理学。主な著書・論文に『メディアとパーソナリティ』（分担執筆、ナカニシヤ出版、2011）、「対人不安傾向、インターネット利用、およびインターネットにおける人間関係」（社会心理学研究、第19巻2号、2003）などがある。

山口 一美（やまぐち・かずみ） 第12章

文教大学国際学部教授。文学博士（心理学）。専門は社会心理学、産業・組織心理学。主な著書に『ひとの目に映る自己―「印象管理」の心理学入門』（共著、金子書房、2004）、『観光の社会心理学』（共著、北大路書房、2006）、『はじめての観光魅力学』（編著、創成社、2011）などがある。

澤田 匡人（さわだ・まさと）　第6章

宇都宮大学教育学部准教授。博士（心理学）。臨床心理士、臨床発達心理士、専門社会調査士。専門は感情心理学、発達臨床心理学。主な著書に『子どもの妬み感情とその対処―感情心理学からのアプローチ』（新曜社、2006）、『自己意識的感情の心理学』（共著、北大路書房、2009）などがある。

本田 周二（ほんだ・しゅうじ）　第7章

島根大学教育・学生支援機構キャリアセンター助教。修士（社会学）。専門は社会心理学。主な著書・論文に『パーソナリティ心理学概論―性格理解への扉』（共著、ナカニシヤ出版、2012）、「友人関係における動機づけが対人葛藤時の対処方略に及ぼす影響」（パーソナリティ研究、第21巻、2012）などがある。

安藤 清志（あんどう・きよし）　第7章

東洋大学社会学部教授。文学博士。専門は社会心理学。主な著書に『見せる自分／見せない自分―自己呈示の社会心理学』（サイエンス社、1994）、『社会心理学』（共著、岩波書店、1995）、『臨床社会心理学』（共編著、東京大学出版会、2007）などがある。

湯川 進太郎（ゆかわ・しんたろう）　第8章、Topic 8

筑波大学人間系准教授。博士（心理学）。専門は臨床社会心理学。主な著書・訳書に『スタンダード社会心理学』（編著、サイエンス社、2012）、『怒りの心理学』（編著、有斐閣、2008）、『バイオレンス―攻撃と怒りの臨床社会心理学』（北大路書房、2005）、『スポーツ社会心理学』（監訳、北大路書房、2007）、『筆記療法』（監訳、北大路書房、2004）、『攻撃の心理学』（編訳、北大路書房、2004）などがある。

立脇 洋介（たてわき・ようすけ）　第9章

大学入試センター助教。博士（心理学）。専門は社会心理学。主な訳書・論文に『マーケティング・リサーチの理論と実践―技術編』（共訳、同友館、2007）、「異性交際中の感情と相手との関係性」（心理学研究、第78巻3号、2007）などがある。

執筆者紹介　（所属は2014年２月のもの）

菅原 健介（すがわら・けんすけ）　第１章

聖心女子大学文学部教授。文学博士。専門は社会心理学、人格心理学。主な著書に『人はなぜ恥ずかしがるのか―羞恥と自己イメージの社会心理学』（サイエンス社、1998）、『ひとの目に映る自己―「印象管理」の心理学入門』（編著、金子書房、2004）、『羞恥心はどこへ消えた』（光文社新書、2005）などがある。

永房 典之（ながふさ・のりゆき）　編者　第２章、Topic１・２・９

有光 興記（ありみつ・こうき）　第３章

駒澤大学文学部教授。博士（心理学）。臨床心理士。専門は感情心理学、臨床社会心理学。主な著書に『「あがり」とその対処法』（川島書店、2005）、『自己意識的感情の心理学』（編著、北大路書房、2009）、『感情心理学』（共著、朝倉書店、2007）などがある。

樋口 匡貴（ひぐち・まさたか）　第４章

上智大学総合人間科学部准教授。博士（心理学）。専門は社会心理学。主な著書・論文に『恥の発生―対処過程に関する社会心理学的研究』（北大路書房、2004）、『ひとの目に映る自己―「印象管理」の心理学入門』（共著、金子書房、2004）、“Comparison of four factors related to embarrassment in nontypical situations”（*Psychological Reports*, vol.102, 2008）などがある。

佐々木 淳（ささき・じゅん）　第５章

大阪大学大学院人間科学研究科准教授。博士（学術）。臨床心理士。専門は臨床心理学。主な著書・論文に『大学生における自我漏洩感の心理学的研究―認知行動療法の視点から』（風間書房、2011）、“Understanding egorrhea from cultural-clinical psychology”（*Frontiers in Psychology*, 4, 2013）などがある。

編者紹介

永房 典之（ながふさ・のりゆき）

1972 年、静岡県生まれ。東洋大学大学院社会学研究科博士課程修了。博士（社会学）。臨床発達心理士。現在、淑徳大学人文学部人間科学科、教授。そのほか日本女子大学、東洋大学、駒沢女子大学大学院でも心理学の講義を担当している。専門は、社会心理学、臨床発達心理学、犯罪・非行心理学。研究テーマは、犯罪・非行を抑制する行動制御の心理学的研究、恥意識の発達と対人社会機能に関する心理学的研究。いじめ加害者の心理といじめ同調行動、子どもの他者認知と社会的感情の発達に関心がある。

論文「非行抑制機能としての恥意識に関する研究」にて、社会安全研究財団若手研究助成部門の最優秀論文賞を受賞。のち同財団にて防犯対策研究に従事。社会的活動として警視庁警備心理学研究会委員、警視庁警備部にてテロ対策、東京都青少年治安対策本部で非行研究に従事する。そのほか、自治体のいじめ第三者委員会（委員長）、法務省の学校いじめ問題のアドバイス、研究会活動では JAPSAS、社会行動研究会に所属する。

主な著書に、『新・子ども家庭支援の心理学―発達・家族の理解と子育て支援』（編著、教育情報出版、2023）、『自己意識的感情の心理学』（共著、北大路書房、2009）、『ひとの目に映る自己―「印象管理」の心理学入門』（共著、金子書房、2004）がある。

なぜ人は他者が気になるのか？――人間関係の心理

2008年 9 月30日　初版第 1 刷発行　［検印省略］

2024年11月20日　初版第 9 刷発行

編　者　永 房 典 之

発行者　金 子 紀 子

発行所　株式会社　金 子 書 房

〒112-0012　東京都文京区大塚 3-3-7

電話　03-3941-0111（代）

FAX　03-3941-0163

振替　00180-9-103376

URL　https://www.kanekoshobo.co.jp

印刷　藤原印刷株式会社　　製本　有限会社井上製本所

ISBN 978-4-7608-3028-2 C3011　printed in Japan